PERSA

VOCABULÁRIO

PORTUGUÊS
PERSA

Para alargar o seu léxico e apurar
as suas competências linguísticas

3000 palavras

Vocabulário Português-Persa - 3000 palavras

Por Andrey Taranov

Os vocabulários da T&P Books destinam-se a ajudar a aprender, a memorizar, e a rever palavras estrangeiras. O dicionário é dividido em temas, cobrindo todas as principais esferas de atividades quotidianas, negócios, ciência, cultura, etc.

O processo de aprendizagem, utilizando os dicionários baseados em temáticas da T&P Books dá-lhe as seguintes vantagens:

- Informação de origem corretamente agrupada predetermina o sucesso em fases subsequentes da memorização de palavras
- Disponibilização de palavras derivadas da mesma raiz, o que permite a memorização de unidades de texto (em vez de palavras separadas)
- Pequenas unidades de palavras facilitam o processo de estabelecimento de vínculos associativos necessários para a consolidação do vocabulário
- O nível de conhecimento da língua pode ser estimado pelo número de palavras aprendidas

T&P Books Publishing
www.tpbooks.com

ISBN: 978-1-78716-779-7

Este livro também está disponível em formato E-book.
Por favor visite www.tpbooks.com ou as principais livrarias on-line.

VOCABULÁRIO PERSA
palavras mais úteis

Os vocabulários da T&P Books destinam-se a ajudar a aprender, a memorizar, e a rever palavras estrangeiras. O vocabulário contém mais de 3000 palavras de uso comum organizadas tematicamente.

O vocabulário contém as palavras mais comummente usadas
Recomendado como adicional para qualquer curso de línguas
Satisfaz as necessidades dos iniciados e dos alunos avançados de línguas estrangeiras
Conveniente para o uso diário, sessões de revisão e atividades de auto-teste
Permite avaliar o seu vocabulário

Características especias do vocabulário

- As palavras estão organizadas de acordo com o seu significado, e não por ordem alfabética
- As palavras são apresentadas em três colunas para facilitar os processos de revisão e auto-teste
- As palavras compostas são divididas em pequenos blocos para facilitar o processo de aprendizagem
- O vocabulário oferece uma transcrição simples e adequada de cada palavra estrangeira

O vocabulário contém 101 tópicos incluindo:

Conceitos básicos, Números, Cores, Meses, Estações do ano, Unidades de medida, Roupas & Acessórios, Alimentos & Nutrição, Restaurante, Membros da Família, Parentes, Caráter, Sentimentos, Emoções, Doenças, Cidade, Passeios, Compras, Dinheiro, Casa, Lar, Escritório, Trabalho no Escritório, Importação & Exportação, Marketing, Pesquisa de Emprego, Desportos, Educação, Computador, Internet, Ferramentas, Natureza, Países, Nacionalidades e muito mais ...

TABELA DE CONTEÚDOS

GUIA DE PRONUNCIAÇÃO

Alfabeto fonético T&P   **Exemplo Persa**   **Exemplo Português**

Alfabeto fonético T&P	Exemplo Persa	Exemplo Português
['] (ayn)	دعوا [da'vā]	fricativa faríngea sonora
['] (hamza)	تایید [ta'id]	oclusiva glotal
[a]	رود [ravad]	chamar
[ā]	آتش [ātaš]	rapaz
[b]	بانک [bānk]	barril
[č]	چند [čand]	Tchau!
[d]	هشتاد [haštād]	dentista
[e]	عشق [ešq]	metal
[f]	فندک [fandak]	safári
[g]	لوگو [logo]	gosto
[h]	گباه [giyāh]	[h] aspirada
[i]	جزیره [jazire]	sinónimo
[j]	جشن [jašn]	adjetivo
[k]	کاج [kāj]	kiwi
[l]	لیمو [limu]	libra
[m]	ماجرا [mājarā]	magnólia
[n]	نروژ [norvež]	natureza
[o]	گلف [golf]	lobo
[p]	اپرا [operā]	presente
[q]	لاغر [lāqar]	agora
[r]	رقم [raqam]	riscar
[s]	سوپ [sup]	sanita
[š]	دوش [duš]	mês
[t]	ترجمه [tarjome]	tulipa
[u]	نیرو [niru]	bonita
[v]	ورشو [varšow]	fava
[w]	روشن [rowšan]	página web
[x]	کاخ [kāx]	fricativa uvular surda
[y]	بیابان [biyābān]	géiser
[z]	زنجیر [zanjir]	sésamo
[ž]	ژوئن [žuan]	talvez

ABREVIATURAS
usadas no vocabulário

Abreviaturas do Português

adj	-	adjetivo
adv	-	advérbio
anim.	-	animado
conj.	-	conjunção
desp.	-	desporto
etc.	-	etecetra
ex.	-	por exemplo
f	-	nome feminino
f pl	-	feminino plural
fem.	-	feminino
inanim.	-	inanimado
m	-	nome masculino
m pl	-	masculino plural
m, f	-	masculino, feminino
masc.	-	masculino
mat.	-	matemática
mil.	-	militar
pl	-	plural
prep.	-	preposição
pron.	-	pronome
sb.	-	sobre
sing.	-	singular
v aux	-	verbo auxiliar
vi	-	verbo intransitivo
vi, vt	-	verbo intransitivo, transitivo
vr	-	verbo reflexivo
vt	-	verbo transitivo

CONCEITOS BÁSICOS

1. Pronomes

eu	man	من
tu	to	تو
ele, ela	u	او
nós	mã	ما
vocês	šomã	شما
eles, elas	ãn-hã	آنها

2. Cumprimentos. Saudações

Bom dia! (formal)	salām	سلام
Bom dia! (de manhã)	sobh bexeyr	صبح بخیر
Boa tarde!	ruz bexeyr!	روز بخیر!
Boa noite!	asr bexeyr	عصربخیر
cumprimentar (vt)	salām kardan	سلام کردن
Olá!	salām	سلام
saudação (f)	salām	سلام
saudar (vt)	salām kardan	سلام کردن
Como vai?	haletān četowr ast?	حالتان چطور است؟
Como vais?	četorid?	چطورید؟
O que há de novo?	če xabar?	چه خبر؟
Adeus! (formal)	xodāhāfez	خداحافظ
Até à vista! (informal)	bāy bāy	بای بای
Até breve!	be omid-e didār!	به امید دیدار!
Adeus!	xodāhāfez!	خداحافظ!
despedir-se (vr)	xodāhāfezi kardan	خداحافظی کردن
Até logo!	tā bezudi!	تا بزودی!
Obrigado! -a!	motešakker-am!	متشکرم!
Muito obrigado! -a!	besyār motešakker-am!	بسیار متشکرم!
De nada	xāheš mikonam	خواهش می کنم
Não tem de quê	tašakkor lāzem nist	تشکر لازم نیست
De nada	qābel-i nadārad	قابلی ندارد
Desculpa!	bebaxšid!	ببخشید!
desculpar (vt)	baxšidan	بخشیدن
desculpar-se (vr)	ozr xāstan	عذر خواستن
As minhas desculpas	ozr mixāham	عذرمی خواهم
Desculpe!	bebaxšid!	ببخشید!
perdoar (vt)	baxšidan	بخشیدن
Não faz mal	mohem nist	مهم نیست

por favor	lotfan	لطفاً
Não se esqueça!	farāmuš nakonid!	فراموش نکنید!
Certamente! Claro!	albate!	البته!
Claro que não!	albate ke neh!	البته که نه!

| Está bem! De acordo! | besyār xob! | بسیارخوب! |
| Basta! | bas ast! | بس است! |

3. Questões

Quem?	če kas-i?	چه کسی؟
Que?	če čiz-i?	چه چیزی؟
Onde?	kojā?	کجا؟
Para onde?	kojā?	کجا؟
De onde?	az kojā?	از کجا؟

Quando?	če vaqt?	چه وقت؟
Para quê?	čerā?	چرا؟
Porquê?	čerā?	چرا؟

Para quê?	barā-ye če?	برای چه؟
Como?	četor?	چطور؟
Qual?	kodām?	کدام؟
Qual? (entre dois ou mais)	kodām?	کدام؟

A quem?	barā-ye ki?	برای کی؟
Sobre quem?	dar bāre-ye ki?	درباره کی؟
Do quê?	darbāre-ye či?	درباره چی؟
Com quem?	bā ki?	با کی؟

| Quanto, -os, -as? | čeqadr? | چقدر؟ |
| De quem? | māl-e ki? | مال کی؟ |

4. Preposições

com (prep.)	bā	با
sem (prep.)	bedune	بدون
a, para (exprime lugar)	be	به
sobre (ex. falar ~)	rāje' be	راجع به

| antes de ... | piš az | پیش از |
| diante de ... | dar moqābel | در مقابل |

sob (debaixo de)	zir	زیر
sobre (em cima de)	bālā-ye	بالای
sobre (~ a mesa)	ruy	روی

| de (vir ~ Lisboa) | az | از |
| de (feito ~ pedra) | az | از |

| dentro de (~ dez minutos) | tā | تا |
| por cima de ... | az bālāye | از بالای |

5. Palavras funcionais. Advérbios. Parte 1

Onde?	kojā?	کجا؟
aqui	in jā	این جا
lá, ali	ānjā	آنجا
em algum lugar	jā-yi	جایی
em lugar nenhum	hič kojā	هیچ کجا
ao pé de ...	nazdik	نزدیک
ao pé da janela	nazdik panjere	نزدیک پنجره
Para onde?	kojā?	کجا؟
para cá	in jā	این جا
para lá	ānjā	آنجا
daqui	az injā	از اینجا
de lá, dali	az ānjā	از آنجا
perto	nazdik	نزدیک
longe	dur	دور
perto de ...	nazdik	نزدیک
ao lado de	nazdik	نزدیک
perto, não fica longe	nazdik	نزدیک
esquerdo	čap	چپ
à esquerda	dast-e čap	دست چپ
para esquerda	be čap	به چپ
direito	rāst	راست
à direita	dast-e rāst	دست راست
para direita	be rāst	به راست
à frente	jelo	جلو
da frente	jelo	جلو
em frente (para a frente)	jelo	جلو
atrás de ...	aqab	عقب
por detrás (vir ~)	az aqab	از عقب
para trás	aqab	عقب
meio (m), metade (f)	vasat	وسط
no meio	dar vasat	در وسط
de lado	pahlu	پهلو
em todo lugar	hame jā	همه جا
ao redor (olhar ~)	atrāf	اطراف
de dentro	az daxel	از داخل
para algum lugar	jā-yi	جایی
diretamente	mostaqim	مستقیم
de volta	aqab	عقب
de algum lugar	az har jā	از هر جا
de um lugar	az yek jā-yi	از یک جایی

em primeiro lugar	avvalan	اولاً
em segundo lugar	dumã	دوما
em terceiro lugar	sãlesan	ثالثاً
de repente	nãgahãn	ناگهان
no início	dar avval	در اول
pela primeira vez	barã-ye avvalin bãr	برای اولین بار
muito antes de ...	xeyli vaqt piš	خیلی وقت پیش
de novo, novamente	az now	از نو
para sempre	barã-ye hamiše	برای همیشه
nunca	hič vaqt	هیچ وقت
de novo	dobãre	دوباره
agora	alãn	الان
frequentemente	aqlab	اغلب
então	ãn vaqt	آن وقت
urgentemente	foran	فوراً
usualmente	ma'mulan	معمولاً
a propósito, ...	rãst-i	راستی
é possível	momken ast	ممکن است
provavelmente	ehtemãlan	احتمالاً
talvez	šãyad	شاید
além disso, ...	bealãve	بعلاوه
por isso ...	be hamin xãter	به همین خاطر
apesar de ...	alãraqm	علیرغم
graças a ...	be lotf	به لطف
que (pron.)	če?	چه؟
que (conj.)	ke	که
algo	yek čiz-i	یک چیزی
alguma coisa	yek kãri	یک کاری
nada	hič čiz	هیچ چیز
quem	ki	کی
alguém (~ teve uma ideia ...)	yek kas-i	یک کسی
alguém	yek kas-i	یک کسی
ninguém	hič kas	هیچ کس
para lugar nenhum	hič kojã	هیچ کجا
de ninguém	mãl-e hičkas	مال هیچ کس
de alguém	har kas-i	هر کسی
tão	xeyli	خیلی
também (gostaria ~ de ...)	ham	هم
também (~ eu)	ham	هم

6. Palavras funcionais. Advérbios. Parte 2

Porquê?	čerã?	چرا؟
por alguma razão	be dalil-i	به دلیلی
porque ...	čon	چون
por qualquer razão	barã-ye maqsudi	برای مقصودی
e (tu ~ eu)	va	و

ou (ser ~ não ser)	yã	یا
mas (porém)	ammã	اما
para (~ a minha mãe)	barã-ye	برای
demasiado, muito	besyãr	بسیار
só, somente	faqat	فقط
exatamente	daqiqan	دقیقا
cerca de (~ 10 kg)	taqriban	تقریباً
aproximadamente	taqriban	تقریباً
aproximado	taqribi	تقریبی
quase	taqriban	تقریباً
resto (m)	baqiye	بقیه
o outro (segundo)	digar	دیگر
outro	digar	دیگر
cada	har	هر
qualquer	har	هر
muito	ziyãd	زیاد
muitas pessoas	besyãri	بسیاری
todos	hame	همه
em troca de ...	dar avaz	در عوض
em troca	dar barãbar	در برابر
à mão	dasti	دستی
pouco provável	baid ast	بعید است
provavelmente	ehtemãlan	احتمالاً
de propósito	amdan	عمداً
por acidente	tasãdofi	تصادفی
muito	besyãr	بسیار
por exemplo	masalan	مثلاً
entre	beyn	بین
entre (no meio de)	miyãn	میان
tanto	in qadr	این قدر
especialmente	maxsusan	مخصوصاً

NÚMEROS. DIVERSOS

7. Números cardinais. Parte 1

zero	sefr	صفر
um	yek	یک
dois	do	دو
três	se	سه
quatro	čāhār	چهار
cinco	panj	پنج
seis	šeš	شش
sete	haft	هفت
oito	hašt	هشت
nove	neh	نه
dez	dah	ده
onze	yāzdah	یازده
doze	davāzdah	دوازده
treze	sizdah	سیزده
catorze	čāhārdah	چهارده
quinze	pānzdah	پانزده
dezasseis	šānzdah	شانزده
dezassete	hefdah	هفده
dezoito	hijdah	هیجده
dezanove	nuzdah	نوزده
vinte	bist	بیست
vinte e um	bist-o yek	بیست ویک
vinte e dois	bist-o do	بیست ودو
vinte e três	bist-o se	بیست وسه
trinta	si	سی
trinta e um	si-yo yek	سی ویک
trinta e dois	si-yo do	سی ودو
trinta e três	si-yo se	سی وسه
quarenta	čehel	چهل
quarenta e um	čehel-o yek	چهل ویک
quarenta e dois	čehel-o do	چهل ودو
quarenta e três	čehel-o se	چهل وسه
cinquenta	panjāh	پنجاه
cinquenta e um	panjāh-o yek	پنجاه ویک
cinquenta e dois	panjāh-o do	پنجاه ودو
cinquenta e três	panjāh-o se	پنجاه وسه
sessenta	šast	شصت
sessenta e um	šast-o yek	شصت ویک

sessenta e dois	šast-o do	شصت ودو
sessenta e três	šast-o se	شصت وسه
setenta	haftād	هفتاد
setenta e um	haftād-o yek	هفتاد ويک
setenta e dois	haftād-o do	هفتاد ودو
setenta e três	haftād-o se	هفتاد وسه
oitenta	haštād	هشتاد
oitenta e um	haštād-o yek	هشتاد ويک
oitenta e dois	haštād-o do	هشتاد ودو
oitenta e três	haštād-o se	هشتاد وسه
noventa	navad	نود
noventa e um	navad-o yek	نود ويک
noventa e dois	navad-o do	نود ودو
noventa e três	navad-o se	نود وسه

8. Números cardinais. Parte 2

cem	sad	صد
duzentos	devist	دويست
trezentos	sisad	سيصد
quatrocentos	čāhārsad	چهارصد
quinhentos	pānsad	پانصد
seiscentos	šešsad	ششصد
setecentos	haftsad	هفتصد
oitocentos	haštsad	هشتصد
novecentos	nohsad	نهصد
mil	hezār	هزار
dois mil	dohezār	دوهزار
De quem são ...?	se hezār	سه هزار
dez mil	dah hezār	ده هزار
cem mil	sad hezār	صد هزار
um milhão	milyun	ميليون
mil milhões	milyārd	ميليارد

9. Números ordinais

primeiro	avvalin	اولين
segundo	dovvomin	دومين
terceiro	sevvomin	سومين
quarto	čāhāromin	چهارمين
quinto	panjomin	پنجمين
sexto	šešomin	ششمين
sétimo	haftomin	هفتمين
oitavo	haštomin	هشتمين
nono	nohomin	نهمين
décimo	dahomin	دهمين

CORES. UNIDADES DE MEDIDA

10. Cores

cor (f)	rang	رنگ
matiz (m)	teyf-e rang	طیف رنگ
tom (m)	rangmaye	رنگمایه
arco-íris (m)	rangin kamãn	رنگین کمان
branco	sefid	سفید
preto	siyãh	سیاه
cinzento	xãkestari	خاکستری
verde	sabz	سبز
amarelo	zard	زرد
vermelho	sorx	سرخ
azul	abi	آبی
azul claro	ãbi rowšan	آبی روشن
rosa	surati	صورتی
laranja	nãrenji	نارنجی
violeta	banafš	بنفش
castanho	qahve i	قهوه ای
dourado	talãyi	طلایی
prateado	noqre i	نقره ای
bege	baž	بژ
creme	kerem	کرم
turquesa	firuze i	فیروزه ای
vermelho cereja	ãlbãluyi	آلبالویی
lilás	banafš yasi	بنفش یاسی
carmesim	zereški	زرشکی
claro	rowšan	روشن
escuro	tire	تیره
vivo	rowšan	روشن
de cor	rangi	رنگی
a cores	rangi	رنگی
preto e branco	siyãh-o sefid	سیاه و سفید
unicolor	yek rang	یک رنگ
multicor	rangãrang	رنگارنگ

11. Unidades de medida

peso (m)	vazn	وزن
comprimento (m)	tul	طول

largura (f)	arz	عرض
altura (f)	ertefā'	ارتفاع
profundidade (f)	omq	عمق
volume (m)	hajm	حجم
área (f)	masāhat	مساحت
grama (m)	garm	گرم
miligrama (m)	mili geram	میلی گرم
quilograma (m)	kilugeram	کیلوگرم
tonelada (f)	ton	تن
libra (453,6 gramas)	pond	پوند
onça (f)	ons	اونس
metro (m)	metr	متر
milímetro (m)	mili metr	میلی متر
centímetro (m)	sāntimetr	سانتیمتر
quilómetro (m)	kilumetr	کیلومتر
milha (f)	māyel	مایل
polegada (f)	inč	اینچ
pé (304,74 mm)	fowt	فوت
jarda (914,383 mm)	yārd	یارد
metro (m) quadrado	metr morabba'	متر مربع
hectare (m)	hektār	هکتار
litro (m)	litr	لیتر
grau (m)	daraje	درجه
volt (m)	volt	ولت
ampere (m)	āmper	آمپر
cavalo-vapor (m)	asb-e boxār	اسب بخار
quantidade (f)	meqdār	مقدار
um pouco de ...	kami	کمی
metade (f)	nim	نیم
dúzia (f)	dojin	دوجین
peça (f)	tā	تا
dimensão (f)	andāze	اندازه
escala (f)	meqyās	مقیاس
mínimo	haddeaqal	حداقل
menor, mais pequeno	kučaktarin	کوچکترین
médio	motevasset	متوسط
máximo	haddeaksar	حداکثر
maior, mais grande	bištarin	بیشترین

12. Recipientes

boião (m) de vidro	šišeh konserv	شیشه کنسرو
lata (~ de cerveja)	quti	قوطی
balde (m)	satl	سطل
barril (m)	boške	بشکه
bacia (~ de plástico)	tašt	تشت

tanque (m)	maxzan	مخزن
cantil (m) de bolso	qomqome	قمقمه
bidão (m) de gasolina	dabbe	دبه
cisterna (f)	maxzan	مخزن
caneca (f)	livān	لیوان
chávena (f)	fenjān	فنجان
pires (m)	na'lbeki	نعلبکی
copo (m)	estekān	استکان
taça (f) de vinho	gilās-e šarāb	گیلاس شراب
panela, caçarola (f)	qāblame	قابلمه
garrafa (f)	botri	بطری
gargalo (m)	gardan-e botri	گردن بطری
jarro, garrafa (f)	tong	تنگ
jarro (m) de barro	pārč	پارچ
recipiente (m)	zarf	ظرف
pote (m)	sofāl	سفال
vaso (m)	goldān	گلدان
frasco (~ de perfume)	botri	بطری
frasquinho (ex. ~ de iodo)	viyāl	ویال
tubo (~ de pasta dentífrica)	tiyub	تیوب
saca (ex. ~ de açúcar)	kise	کیسه
saco (~ de plástico)	pākat	پاکت
maço (m)	baste	بسته
caixa (~ de sapatos, etc.)	ja'be	جعبه
caixa (~ de madeira)	sanduq	صندوق
cesta (f)	sabad	سبد

VERBOS PRINCIPAIS

13. Os verbos mais importantes. Parte 1

abrir (vt)	bāz kardan	باز کردن
acabar, terminar (vt)	be pāyān resāndan	به پایان رساندن
aconselhar (vt)	nasihat kardan	نصیحت کردن
adivinhar (vt)	hads zadan	حدس زدن
advertir (vt)	hošdār dādan	هشدار دادن
ajudar (vt)	komak kardan	کمک کردن
almoçar (vi)	nāhār xordan	ناهار خوردن
alugar (~ um apartamento)	ejāre kardan	اجاره کردن
amar (vt)	dust dāštan	دوست داشتن
ameaçar (vt)	tahdid kardan	تهدید کردن
anotar (escrever)	neveštan	نوشتن
apanhar (vt)	gereftan	گرفتن
apressar-se (vr)	ajale kardan	عجله کردن
arrepender-se (vr)	afsus xordan	افسوس خوردن
assinar (vt)	emzā kardan	امضا کردن
atirar, disparar (vi)	tirandāzi kardan	تیراندازی کردن
brincar (vi)	šuxi kardan	شوخی کردن
brincar, jogar (crianças)	bāzi kardan	بازی کردن
buscar (vt)	jostoju kardan	جستجو کردن
caçar (vi)	šekār kardan	شکار کردن
cair (vi)	oftādan	افتادن
cavar (vt)	kandan	کندن
cessar (vt)	bas kardan	بس کردن
chamar (~ por socorro)	komak xāstan	کمک خواستن
chegar (vi)	residan	رسیدن
chorar (vi)	gerye kardan	گریه کردن
começar (vt)	šoru' kardan	شروع کردن
comparar (vt)	moqāyse kardan	مقایسه کردن
compreender (vt)	fahmidan	فهمیدن
concordar (vi)	movāfeqat kardan	موافقت کردن
confiar (vt)	etminān kardan	اطمینان کردن
confundir (equivocar-se)	qāti kardan	قاطی کردن
conhecer (vt)	šenāxtan	شناختن
contar (fazer contas)	šemordan	شمردن
contar com (esperar)	hesāb kardan	حساب کردن
continuar (vt)	edāme dādan	ادامه دادن
controlar (vt)	kontorol kardan	کنترل کردن
convidar (vt)	da'vat kardan	دعوت کردن
correr (vi)	davidan	دویدن

criar (vt)	ijād kardan	ایجاد کردن
custar (vt)	qeymat dāštan	قیمت داشتن

14. Os verbos mais importantes. Parte 2

dar (vt)	dādan	دادن
dar uma dica	sarnax dādan	سرنخ دادن
decorar (enfeitar)	tazyin kardan	تزیین کردن
defender (vt)	defā' kardan	دفاع کردن
deixar cair (vt)	andāxtan	انداختن
descer (para baixo)	pāyin āmadan	پایین آمدن
desculpar (vt)	baxšidan	بخشیدن
desculpar-se (vr)	ozr xāstan	عذر خواستن
dirigir (~ uma empresa)	edāre kardan	اداره کردن
discutir (notícias, etc.)	bahs kardan	بحث کردن
dizer (vt)	goftan	گفتن
duvidar (vt)	šok dāštan	شک داشتن
enganar (vt)	farib dādan	فریب دادن
entrar (na sala, etc.)	vāred šodan	وارد شدن
enviar (uma carta)	ferestādan	فرستادن
errar (equivocar-se)	eštebāh kardan	اشتباه کردن
escolher (vt)	entexāb kardan	انتخاب کردن
esconder (vt)	penhān kardan	پنهان کردن
escrever (vt)	neveštan	نوشتن
esperar (o autocarro, etc.)	montazer budan	منتظر بودن
esperar (ter esperança)	omid dāštan	امید داشتن
esquecer (vt)	farāmuš kardan	فراموش کردن
estudar (vt)	dars xāndan	درس خواندن
exigir (vt)	darxāst kardan	درخواست کردن
existir (vi)	vojud dāštan	وجود داشتن
explicar (vt)	touzih dādan	توضیح دادن
falar (vi)	harf zadan	حرف زدن
faltar (clases, etc.)	qāyeb budan	غایب بودن
fazer (vt)	anjām dādan	انجام دادن
ficar em silêncio	sāket māndan	ساکت ماندن
gabar-se, jactar-se (vr)	be rox kešidan	به رخ کشیدن
gostar (apreciar)	dust dāštan	دوست داشتن
gritar (vi)	faryād zadan	فریاد زدن
guardar (cartas, etc.)	hefz kardan	حفظ کردن
informar (vt)	āgah kardan	آگاه کردن
insistir (vi)	esrār kardan	اصرار کردن
insultar (vt)	towhin kardan	توهین کردن
interessar-se (vr)	alāqe dāštan	علاقه داشتن
ir (a pé)	raftan	رفتن
ir nadar	ābtani kardan	آبتنی کردن
jantar (vi)	šām xordan	شام خوردن

15. Os verbos mais importantes. Parte 3

ler (vt)	xāndan	خواندن
libertar (cidade, etc.)	āzād kardan	آزاد کردن
matar (vt)	koštan	کشتن
mencionar (vt)	zekr kardan	ذکر کردن
mostrar (vt)	nešān dādan	نشان دادن
mudar (modificar)	avaz kardan	عوض کردن
nadar (vi)	šenā kardan	شنا کردن
negar-se a …	rad kardan	رد کردن
objetar (vt)	moxalefat kardan	مخالفت کردن
observar (vt)	mošāhede kardan	مشاهده کردن
ordenar (mil.)	farmān dādan	فرمان دادن
ouvir (vt)	šenidan	شنیدن
pagar (vt)	pardāxtan	پرداختن
parar (vi)	motevaghef šodan	متوقف شدن
participar (vi)	šerekat kardan	شرکت کردن
pedir (comida)	sefāreš dādan	سفارش دادن
pedir (um favor, etc.)	xāstan	خواستن
pegar (tomar)	bardāštan	برداشتن
pensar (vt)	fekr kardan	فکر کردن
perceber (ver)	motevajjeh šodan	متوجه شدن
perdoar (vt)	baxšidan	بخشیدن
perguntar (vt)	porsidan	پرسیدن
permitir (vt)	ejāze dādan	اجازه دادن
pertencer a …	ta´alloq dāštan	تعلق داشتن
planear (vt)	barnāmerizi kardan	برنامه ریزی کردن
poder (vi)	tavānestan	توانستن
possuir (vt)	sāheb budan	صاحب بودن
preferir (vt)	tarjih dādan	ترجیح دادن
preparar (vt)	poxtan	پختن
prever (vt)	pišbini kardan	پیش بینی کردن
prometer (vt)	qowl dādan	قول دادن
pronunciar (vt)	talaffoz kardan	تلفظ کردن
propor (vt)	pišnahād dādan	پیشنهاد دادن
punir (castigar)	tanbih kardan	تنبیه کردن

16. Os verbos mais importantes. Parte 4

quebrar (vt)	šekastan	شکستن
queixar-se (vr)	šekāyat kardan	شکایت کردن
querer (desejar)	xāstan	خواستن
recomendar (vt)	towsie kardan	توصیه کردن
repetir (dizer outra vez)	tekrār kardan	تکرار کردن
repreender (vt)	da´vā kardan	دعوا کردن
reservar (~ um quarto)	rezerv kardan	رزرو کردن

responder (vt)	javāb dādan	جواب دادن
rezar, orar (vi)	do'ā kardan	دعا کردن
rir (vi)	xandidan	خندیدن
roubar (vt)	dozdidan	دزدیدن
saber (vt)	dānestan	دانستن
sair (~ de casa)	birun raftan	بیرون رفتن
salvar (vt)	najāt dādan	نجات دادن
seguir ...	donbāl kardan	دنبال کردن
sentar-se (vr)	nešastan	نشستن
ser necessário	hāmi budan	حامی بودن
ser, estar	budan	بودن
significar (vt)	ma'ni dāštan	معنی داشتن
sorrir (vi)	labxand zadan	لبخند زدن
subestimar (vt)	dast-e kam gereftan	دست کم گرفتن
surpreender-se (vr)	mote'ajjeb šodan	متعجب شدن
tentar (vt)	talāš kardan	تلاش کردن
ter (vt)	dāštan	داشتن
ter fome	gorosne budan	گرسنه بودن
ter medo	tarsidan	ترسیدن
ter sede	tešne budan	تشنه بودن
tocar (com as mãos)	lams kardan	لمس کردن
tomar o pequeno-almoço	sobhāne xordan	صبحانه خوردن
trabalhar (vi)	kār kardan	کار کردن
traduzir (vt)	tarjome kardan	ترجمه کردن
unir (vt)	mottahed kardan	متحد کردن
vender (vt)	foruxtan	فروختن
ver (vt)	didan	دیدن
virar (ex. ~ à direita)	pičidan	پیچیدن
voar (vi)	parvāz kardan	پرواز کردن

TEMPO. CALENDÁRIO

17. Dias da semana

segunda-feira (f)	došanbe	دوشنبه
terça-feira (f)	se šanbe	سه شنبه
quarta-feira (f)	čāhāršanbe	چهارشنبه
quinta-feira (f)	panj šanbe	پنج شنبه
sexta-feira (f)	jom'e	جمعه
sábado (m)	šanbe	شنبه
domingo (m)	yek šanbe	یک شنبه
hoje	emruz	امروز
amanhã	fardā	فردا
depois de amanhã	pas fardā	پس فردا
ontem	diruz	دیروز
anteontem	pariruz	پریروز
dia (m)	ruz	روز
dia (m) de trabalho	ruz-e kāri	روز کاری
feriado (m)	ruz-e jašn	روز جشن
dia (m) de folga	ruz-e ta'til	روز تعطیل
fim (m) de semana	āxar-e hafte	آخر هفته
o dia todo	tamām-e ruz	تمام روز
no dia seguinte	ruz-e ba'd	روز بعد
há dois dias	do ruz-e piš	دو روز پیش
na véspera	ruz-e qabl	روز قبل
diário	ruzāne	روزانه
todos os dias	har ruz	هر روز
semana (f)	hafte	هفته
na semana passada	hafte-ye gozašte	هفته گذشته
na próxima semana	hafte-ye āyande	هفته آینده
semanal	haftegi	هفتگی
cada semana	har hafte	هر هفته
duas vezes por semana	do bār dar hafte	دو بار درهفته
cada terça-feira	har sešanbe	هر سه شنبه

18. Horas. Dia e noite

manhã (f)	sobh	صبح
de manhã	sobh	صبح
meio-dia (m)	zohr	ظهر
à tarde	ba'd az zohr	بعد ازظهر
noite (f)	asr	عصر
à noite (noitinha)	asr	عصر

noite (f)	šab	شب
à noite	šab	شب
meia-noite (f)	nesfe šab	نصفه شب
segundo (m)	sānie	ثانیه
minuto (m)	daqiqe	دقیقه
hora (f)	sā'at	ساعت
meia hora (f)	nim sā'at	نیم ساعت
quarto (m) de hora	yek rob'	یک ربع
quinze minutos	pānzdah daqiqe	پانزده دقیقه
vinte e quatro horas	šabāne ruz	شبانه روز
nascer (m) do sol	tolu-'e āftāb	طلوع آفتاب
amanhecer (m)	sahar	سحر
madrugada (f)	sobh-e zud	صبح زود
pôr do sol (m)	qorub	غروب
de madrugada	sobh-e zud	صبح زود
hoje de manhã	emruz sobh	امروز صبح
amanhã de manhã	fardā sobh	فردا صبح
hoje à tarde	emruz zohr	امروز ظهر
à tarde	ba'd az zohr	بعد ازظهر
amanhã à tarde	fardā ba'd az zohr	فردا بعد ازظهر
hoje à noite	emšab	امشب
amanhã à noite	fardā šab	فردا شب
às três horas em ponto	sar-e sā'at-e se	سر ساعت ۳
por volta das quatro	nazdik-e sā'at-e čāhār	نزدیک ساعت ۴
às doze	nazdik zohr	نزدیک ظهر
dentro de vinte minutos	bist daqiqe-ye digar	۲۰ دقیقه دیگر
dentro duma hora	yek sā'at-e digar	یک ساعت دیگر
a tempo	be moqe'	به موقع
menos um quarto	yek rob' be	یک ربع به
durante uma hora	yek sā'at-e digar	یک ساعت دیگر
a cada quinze minutos	har pānzdah daqiqe	هر ۱۵ دقیقه
as vinte e quatro horas	šabāne ruz	شبانه روز

19. Meses. Estações

janeiro (m)	žānvie	ژانویه
fevereiro (m)	fevriye	فوریه
março (m)	mārs	مارس
abril (m)	āvril	آوریل
maio (m)	meh	مه
junho (m)	žuan	ژوئن
julho (m)	žuiye	ژوئیه
agosto (m)	owt	اوت
setembro (m)	septāmbr	سپتامبر
outubro (m)	oktobr	اکتبر

| novembro (m) | novāmbr | نوامبر |
| dezembro (m) | desāmr | دسامبر |

primavera (f)	bahār	بهار
na primavera	dar bahār	در بهار
primaveril	bahāri	بهاری

verão (m)	tābestān	تابستان
no verão	dar tābestān	در تابستان
de verão	tābestāni	تابستانی

outono (m)	pāyiz	پاییز
no outono	dar pāyiz	در پاییز
outonal	pāyizi	پاییزی

inverno (m)	zemestān	زمستان
no inverno	dar zemestān	در زمستان
de inverno	zemestāni	زمستانی

mês (m)	māh	ماه
este mês	in māh	این ماه
no próximo mês	māh-e āyande	ماه آینده
no mês passado	māh-e gozašte	ماه گذشته

há um mês	yek māh qabl	یک ماه قبل
dentro de um mês	yek māh digar	یک ماه دیگر
dentro de dois meses	do māh-e digar	۲ماه دیگر
todo o mês	tamām-e māh	تمام ماه
um mês inteiro	tamām-e māh	تمام ماه

mensal	māhāne	ماهانه
mensalmente	māhāne	ماهانه
cada mês	har māh	هر ماه
duas vezes por mês	do bār dar māh	دو بار درماه

ano (m)	sāl	سال
este ano	emsāl	امسال
no próximo ano	sāl-e āyande	سال آینده
no ano passado	sāl-e gozašte	سال گذشته

há um ano	yek sāl qabl	یک سال قبل
dentro dum ano	yek sāl-e digar	یک سال دیگر
dentro de 2 anos	do sāl-e digar	۲سال دیگر
todo o ano	tamām-e sāl	تمام سال
um ano inteiro	tamām-e sāl	تمام سال

cada ano	har sāl	هر سال
anual	sālāne	سالانه
anualmente	sālāne	سالانه
quatro vezes por ano	čāhār bār dar sāl	چهار بار در سال

data (~ de hoje)	tārix	تاریخ
data (ex. ~ de nascimento)	tārix	تاریخ
calendário (m)	taqvim	تقویم
meio ano	nim sāl	نیم سال
seis meses	nim sāl	نیم سال

| estação (f) | fasl | فصل |
| século (m) | qarn | قرن |

VIAGENS. HOTEL

20. Viagens

turismo (m)	gardešgari	گردشگری
turista (m)	turist	توریست
viagem (f)	mosāferat	مسافرت
aventura (f)	mājarā	ماجرا
viagem (f)	safar	سفر
férias (f pl)	moraxxasi	مرخصی
estar de férias	dar moraxxassi budan	در مرخصی بودن
descanso (m)	esterāhat	استراحت
comboio (m)	qatār	قطار
de comboio (chegar ~)	bā qatār	با قطار
avião (m)	havāpeymā	هواپیما
de avião	bā havāpeymā	با هواپیما
de carro	bā otomobil	با اتومبیل
de navio	dar kešti	با کشتی
bagagem (f)	bār	بار
mala (f)	čamedān	چمدان
carrinho (m)	čarx-e hamle bar	چرخ حمل بار
passaporte (m)	gozarnāme	گذرنامه
visto (m)	ravādid	روادید
bilhete (m)	belit	بلیط
bilhete (m) de avião	belit-e havāpeymā	بلیط هواپیما
guia (m) de viagem	ketāb-e rāhnamā	کتاب راهنما
mapa (m)	naqše	نقشه
local (m), area (f)	mahal	محل
lugar, sítio (m)	jā	جا
exotismo (m)	qarāyeb	غرایب
exótico	qarib	غریب
surpreendente	heyrat angiz	حیرت انگیز
grupo (m)	goruh	گروه
excursão (f)	gardeš	گردش
guia (m)	rāhnamā-ye tur	راهنمای تور

21. Hotel

hotel (m)	hotel	هتل
motel (m)	motel	متل
três estrelas	se setāre	سه ستاره

cinco estrelas	panj setāre	پنج ستاره
ficar (~ num hotel)	māndan	ماندن
quarto (m)	otāq	اتاق
quarto (m) individual	otāq-e yeknafare	اتاق یک نفره
quarto (m) duplo	otāq-e do nafare	اتاق دو نفره
reservar um quarto	otāq rezerv kardan	اتاق رزرو کردن
meia pensão (f)	nim pānsiyon	نیم پانسیون
pensão (f) completa	pānsiyon	پانسیون
com banheira	bā vān	با وان
com duche	bā duš	با دوش
televisão (m) satélite	televiziyon-e māhvārei	تلویزیون ماهواره ای
ar (m) condicionado	tahviye-ye matbu'	تهویه مطبوع
toalha (f)	howle	حوله
chave (f)	kelid	کلید
administrador (m)	edāre-ye konande	اداره کننده
camareira (f)	mostaxdem	مستخدم
bagageiro (m)	bārbar	باربر
porteiro (m)	darbān	دربان
restaurante (m)	resturān	رستوران
bar (m)	bār	بار
pequeno-almoço (m)	sobhāne	صبحانه
jantar (m)	šām	شام
buffet (m)	bufe	بوفه
hall (m) de entrada	lābi	لابی
elevador (m)	āsānsor	آسانسور
NÃO PERTURBE	mozāhem našavid	مزاحم نشوید
PROIBIDO FUMAR!	sigār kešidan mamnu'	سیگار کشیدن ممنوع

22. Turismo

monumento (m)	mojassame	مجسمه
fortaleza (f)	qal'e	قلعه
palácio (m)	kāx	کاخ
castelo (m)	qal'e	قلعه
torre (f)	borj	برج
mausoléu (m)	ārāmgāh	آرامگاه
arquitetura (f)	me'māri	معماری
medieval	qorun-e vasati	قرون وسطی
antigo	qadimi	قدیمی
nacional	melli	ملی
conhecido	mašhur	مشهور
turista (m)	turist	توریست
guia (pessoa)	rāhnamā-ye tur	راهنمای تور
excursão (f)	gardeš	گردش
mostrar (vt)	nešān dādan	نشان دادن

contar (vt)	hekāyat kardan	حکایت کردن
encontrar (vt)	peydā kardan	پیدا کردن
perder-se (vr)	gom šodan	گم شدن
mapa (~ do metrô)	naqše	نقشه
mapa (~ da cidade)	naqše	نقشه
lembrança (f), presente (m)	sowqāti	سوغاتی
loja (f) de presentes	forušgāh-e sowqāti	فروشگاه سوغاتی
fotografar (vt)	aks gereftan	عکس گرفتن
fotografar-se	aks gereftan	عکس گرفتن

TRANSPORTES

23. Aeroporto

aeroporto (m)	forudgāh	فرودگاه
avião (m)	havāpeymā	هواپیما
companhia (f) aérea	šerkat-e havāpeymāyi	شرکت هواپیمایی
controlador (m) de tráfego aéreo	ma'mur-e kontorol-e terāfik-e havāyi	مأمور کنترل ترافیک هوایی
partida (f)	azimat	عزیمت
chegada (f)	vorud	ورود
chegar (~ de avião)	residan	رسیدن
hora (f) de partida	zamān-e parvāz	زمان پرواز
hora (f) de chegada	zamān-e vorud	زمان ورود
estar atrasado	ta'xir kardan	تأخیر کردن
atraso (m) de voo	ta'xir-e parvāz	تأخیر پرواز
painel (m) de informação	tāblo-ye ettelā'āt	تابلوی اطلاعات
informação (f)	ettelā'āt	اطلاعات
anunciar (vt)	e'lām kardan	اعلام کردن
voo (m)	parvāz	پرواز
alfândega (f)	gomrok	گمرک
funcionário (m) da alfândega	ma'mur-e gomrok	مأمور گمرک
declaração (f) alfandegária	ežhār-nāme	اظهارنامه
preencher (vt)	por kardan	پر کردن
preencher a declaração	ežhār-nāme rā por kardan	اظهارنامه را پر کردن
controlo (m) de passaportes	kontorol-e gozarnāme	کنترل گذرنامه
bagagem (f)	bār	بار
bagagem (f) de mão	bār-e dasti	بار دستی
carrinho (m)	čarx-e hamle bar	چرخ حمل بار
aterragem (f)	forud	فرود
pista (f) de aterragem	bānd-e forudgāh	باند فرودگاه
aterrar (vi)	nešastan	نشستن
escada (f) de avião	pellekān	پلکان
check-in (m)	ček in	چک این
balcão (m) do check-in	bāje-ye kontorol	باجه کنترل
fazer o check-in	čekin kardan	چکاین کردن
cartão (m) de embarque	kārt-e parvāz	کارت پرواز
porta (f) de embarque	gi-yat xoruj	گیت خروج
trânsito (m)	terānzit	ترانزیت
esperar (vi, vt)	montazer budan	منتظر بودن

sala (f) de espera	tālār-e entezār	تالار انتظار
despedir-se de ...	badraqe kardan	بدرقه کردن
despedir-se (vr)	xodāhāfezi kardan	خداحافظی کردن

24. Avião

avião (m)	havāpeymā	هواپیما
bilhete (m) de avião	belit-e havāpeymā	بلیط هواپیما
companhia (f) aérea	šerkat-e havāpeymāyi	شرکت هواپیمایی
aeroporto (m)	forudgāh	فرودگاه
supersónico	māvarā sowt	ماوراء صوت

comandante (m) do avião	kāpitān	کاپیتان
tripulação (f)	xadame	خدمه
piloto (m)	xalabān	خلبان
hospedeira (f) de bordo	mehmāndār-e havāpeymā	مهماندار هواپیما
copiloto (m)	nāvbar	ناوبر

asas (f pl)	bāl-hā	بال ها
cauda (f)	dam	دم
cabine (f) de pilotagem	kābin	کابین
motor (m)	motor	موتور

trem (m) de aterragem	šāssi	شاسی
turbina (f)	turbin	توربین

hélice (f)	parvāne	پروانه
caixa-preta (f)	ja'be-ye siyāh	جعبه سیاه

coluna (f) de controlo	farmān	فرمان
combustível (m)	suxt	سوخت

instruções (f pl) de segurança	dasturol'amal	دستورالعمل
máscara (f) de oxigénio	māsk-e oksižen	ماسک اکسیژن
uniforme (m)	oniform	اونیفورم

colete (m) salva-vidas	jeliqe-ye nejāt	جلیقۀ نجات
paraquedas (m)	čatr-e nejāt	چترنجات

descolagem (f)	parvāz	پرواز
descolar (vi)	parvāz kardan	پرواز کردن
pista (f) de descolagem	bānd-e forudgāh	باند فرودگاه

visibilidade (f)	meydān did	میدان دید
voo (m)	parvāz	پرواز

altura (f)	ertefā'	ارتفاع
poço (m) de ar	čāle-ye havāyi	چاله هوایی

assento (m)	jā	جا
auscultadores (m pl)	guši	گوشی
mesa (f) rebatível	sini-ye tāšow	سینی تاشو
vigia (f)	panjere	پنجره
passagem (f)	rāhrow	راهرو

25. Comboio

comboio (m)	qatār	قطار
comboio (m) suburbano	qatār-e barqi	قطار برقی
comboio (m) rápido	qatār-e sariʾosseyr	قطارسریع السیر
locomotiva (f) diesel	lokomotiv-e dizel	لوکوموتیو دیزل
locomotiva (f) a vapor	lokomotiv-e boxar	لوکوموتیو بخار
carruagem (f)	vāgon	واگن
carruagem restaurante (f)	vāgon-e resturān	واگن رستوران
carris (m pl)	reyl-hā	ریل ها
caminho de ferro (m)	rāh āhan	راه آهن
travessa (f)	reyl-e band	ریل بند
plataforma (f)	sakku-ye rāh-āhan	سکوی راه آهن
linha (f)	masir	مسیر
semáforo (m)	nešanar	نشانبر
estação (f)	istgāh	ایستگاه
maquinista (m)	rānande	راننده
bagageiro (m)	bārbar	باربر
hospedeiro, -a (da carruagem)	rāhnamā-ye qatār	راهنمای قطار
passageiro (m)	mosāfer	مسافر
revisor (m)	kontorol či	کنترل چی
corredor (m)	rāhrow	راهرو
freio (m) de emergência	tormoz-e ezterāri	ترمز اضطراری
compartimento (m)	kupe	کوپه
cama (f)	taxt-e kupe	تخت کوپه
cama (f) de cima	taxt-e bālā	تخت بالا
cama (f) de baixo	taxt-e pāyin	تخت پایین
roupa (f) de cama	raxt-e xāb	رخت خواب
bilhete (m)	belit	بلیط
horário (m)	barnāme	برنامه
painel (m) de informação	barnāme-ye zamāni	برنامه زمانی
partir (vt)	tark kardan	ترک کردن
partida (f)	harekat	حرکت
chegar (vi)	residan	رسیدن
chegada (f)	vorud	ورود
chegar de comboio	bā qatār āmadan	با قطار آمدن
apanhar o comboio	savār-e qatār šodan	سوار قطار شدن
sair do comboio	az qatār piyāde šodan	از قطار پیاده شدن
acidente (m) ferroviário	sānehe	سانحه
descarrilar (vi)	az xat xārej šodan	از خط خارج شدن
locomotiva (f) a vapor	lokomotiv-e boxar	لوکوموتیو بخار
fogueiro (m)	ātaškār	آتشکار
fornalha (f)	ātašdān	آتشدان
carvão (m)	zoqāl sang	زغال سنگ

26. Barco

navio (m)	kešti	کشتی
embarcação (f)	kešti	کشتی

vapor (m)	kešti-ye boxāri	کشتی بخاری
navio (m)	qāyeq-e rudxāne	قایق رودخانه
transatlântico (m)	kešti-ye tafrihi	کشتی تفریحی
cruzador (m)	razm nāv	رزم ناو

iate (m)	qāyeq-e tafrihi	قایق تفریحی
rebocador (m)	yadak keš	یدک کش
barcaça (f)	kešti-ye bārkeše yadaki	کشتی بارکش یدکی
ferry (m)	kešti-ye farābar	کشتی فرابر

veleiro (m)	kešti-ye bādbāni	کشتی بادبانی
bergantim (m)	košti dozdān daryā-yi	کشتی دزدان دریایی

quebra-gelo (m)	kešti-ye yaxšekan	کشتی یخ شکن
submarino (m)	zirdaryāyi	زیردریایی

bote, barco (m)	qāyeq	قایق
bote, dingue (m)	qāyeq-e tafrihi	قایق تفریحی
bote (m) salva-vidas	qāyeq-e nejāt	قایق نجات
lancha (f)	qāyeq-e motori	قایق موتوری

capitão (m)	kāpitān	کاپیتان
marinheiro (m)	malavān	ملوان
marujo (m)	malavān	ملوان
tripulação (f)	xadame	خدمه

contramestre (m)	sar malavān	سر ملوان
grumete (m)	šāgerd-e malavān	شاگرد ملوان
cozinheiro (m) de bordo	āšpaz-e kešti	آشپز کشتی
médico (m) de bordo	pezešk-e kešti	پزشک کشتی

convés (m)	arše-ye kešti	عرشهٔ کشتی
mastro (m)	dakal	دکل
vela (f)	bādbān	بادبان

porão (m)	anbār	انبار
proa (f)	sine-ye kešti	سینه کشتی
popa (f)	aqab kešti	عقب کشتی
remo (m)	pāru	پارو
hélice (f)	parvāne	پروانه

camarote (m)	otāq-e kešti	اتاق کشتی
sala (f) dos oficiais	otāq-e afsarān	اتاق افسران
sala (f) das máquinas	motor xāne	موتور خانه
ponte (m) de comando	pol-e farmāndehi	پل فرماندهی
sala (f) de comunicações	kābin-e bisim	کابین بی سیم
onda (f) de rádio	mowj	موج
diário (m) de bordo	roxdād nāme	رخداد نامه
luneta (f)	teleskop	تلسکوپ
sino (m)	nāqus	ناقوس

bandeira (f)	parčam	پرچم
cabo (m)	tanāb	طناب
nó (m)	gereh	گره
corrimão (m)	narde	نرده
prancha (f) de embarque	pol	پل
âncora (f)	langar	لنگر
recolher a âncora	langar kešidan	لنگر کشیدن
lançar a âncora	langar andāxtan	لنگر انداختن
amarra (f)	zanjir-e langar	زنجیر لنگر
porto (m)	bandar	بندر
cais, amarradouro (m)	eskele	اسکله
atracar (vi)	pahlu gereftan	پهلو گرفتن
desatracar (vi)	tark kardan	ترک کردن
viagem (f)	mosāferat	مسافرت
cruzeiro (m)	safar-e daryāyi	سفر دریایی
rumo (m), rota (f)	masir	مسیر
itinerário (m)	masir	مسیر
canal (m) navegável	kešti-ye ru	کشتی رو
banco (m) de areia	mahall-e kam omq	محل کم عمق
encalhar (vt)	be gel nešastan	به گل نشستن
tempestade (f)	tufān	طوفان
sinal (m)	alāmat	علامت
afundar-se (vr)	qarq šodan	غرق شدن
Homem ao mar!	kas-i dar hāl-e qarq šodan-ast!	کسی در حال غرق شدن است!
SOS	sos	SOS
boia (f) salva-vidas	kamarband-e nejāt	کمربند نجات

CIDADE

27. Transportes urbanos

autocarro (m)	otobus	اتوبوس
elétrico (m)	terãmvã	تراموا
troleicarro (m)	otobus-e barqi	اتوبوس برقی
itinerário (m)	xat	خط
número (m)	šomãre	شماره
ir de ... (carro, etc.)	raftan bã	رفتن با
entrar (~ no autocarro)	savãr šodan	سوار شدن
descer de ...	piyãde šodan	پیاده شدن
paragem (f)	istgãh-e otobus	ایستگاه اتوبوس
próxima paragem (f)	istgãh-e ba'di	ایستگاه بعدی
ponto (m) final	istgãh-e ãxar	ایستگاه آخر
horário (m)	barnãme	برنامه
esperar (vt)	montazer budan	منتظر بودن
bilhete (m)	belit	بلیط
custo (m) do bilhete	qeymat-e belit	قیمت بلیط
bilheteiro (m)	sanduqdãr	صندوقدار
controlo (m) dos bilhetes	kontorol-e belit	کنترل بلیط
revisor (m)	kontorol či	کنترل چی
atrasar-se (vr)	ta'xir dãštan	تأخیرداشتن
perder (o autocarro, etc.)	az dast dãdan	از دست دادن
estar com pressa	ajale kardan	عجله کردن
táxi (m)	tãksi	تاکسی
taxista (m)	rãnande-ye tãksi	راننده تاکسی
de táxi (ir ~)	bã tãksi	با تاکسی
praça (f) de táxis	istgãh-e tãksi	ایستگاه تاکسی
chamar um táxi	tãksi gereftan	تاکسی گرفتن
apanhar um táxi	tãksi gereftan	تاکسی گرفتن
tráfego (m)	obur-o morur	عبور و مرور
engarrafamento (m)	terãfik	ترافیک
horas (f pl) de ponta	sã'at-e šoluqi	ساعت شلوغی
estacionar (vi)	pãrk kardan	پارک کردن
estacionar (vt)	pãrk kardan	پارک کردن
parque (m) de estacionamento	pãrking	پارکینگ
metro (m)	metro	مترو
estação (f)	istgãh	ایستگاه
ir de metro	bã metro raftan	با مترو رفتن
comboio (m)	qatãr	قطار
estação (f)	istgãh-e rãh-e ãhan	ایستگاه راه آهن

28. Cidade. Vida na cidade

cidade (f)	šahr	شهر
capital (f)	pāytaxt	پایتخت
aldeia (f)	rustā	روستا
mapa (m) da cidade	naqše-ye šahr	نقشهٔ شهر
centro (m) da cidade	markaz-e šahr	مرکز شهر
subúrbio (m)	hume-ye šahr	حومهٔ شهر
suburbano	hume-ye šahr	حومهٔ شهر
periferia (f)	hume	حومه
arredores (m pl)	hume	حومه
quarteirão (m)	mahalle	محله
quarteirão (m) residencial	mahalle-ye maskuni	محلهٔ مسکونی
tráfego (m)	obur-o morur	عبور و مرور
semáforo (m)	čerāq-e rāhnamā	چراغ راهنما
transporte (m) público	haml-o naql-e šahri	حمل و نقل شهری
cruzamento (m)	čahārrāh	چهارراه
passadeira (f)	xatt-e āber-e piyāde	خط عابرپیاده
passagem (f) subterrânea	zir-e gozar	زیر گذر
cruzar, atravessar (vt)	obur kardan	عبور کردن
peão (m)	piyāde	پیاده
passeio (m)	piyāde row	پیاده رو
ponte (f)	pol	پل
margem (f) do rio	xiyābān-e sāheli	خیابان ساحلی
fonte (f)	češme	چشمه
alameda (f)	bāq rāh	باغ راه
parque (m)	pārk	پارک
bulevar (m)	bolvār	بولوار
praça (f)	meydān	میدان
avenida (f)	xiyābān	خیابان
rua (f)	xiyābān	خیابان
travessa (f)	kuče	کوچه
beco (m) sem saída	bon bast	بن بست
casa (f)	xāne	خانه
edifício, prédio (m)	sāxtemān	ساختمان
arranha-céus (m)	āsemānxarāš	آسمانخراش
fachada (f)	namā	نما
telhado (m)	bām	بام
janela (f)	panjere	پنجره
arco (m)	tāq-e qowsi	طاق قوسی
coluna (f)	sotun	ستون
esquina (f)	nabš	نبش
montra (f)	vitrin	ویترین
letreiro (m)	tāblo	تابلو
cartaz (m)	poster	پوستر
cartaz (m) publicitário	poster-e tabliqāti	پوستر تبلیغاتی

painel (m) publicitário	bilbord	بیلبورد
lixo (m)	āšqāl	آشغال
cesta (f) do lixo	satl-e āšqāl	سطل آشغال
jogar lixo na rua	kasif kardan	کثیف کردن
aterro (m) sanitário	jā-ye dafn-e āšqāl	جای دفن آشغال

cabine (f) telefónica	kābin-e telefon	کابین تلفن
candeeiro (m) de rua	tir-e barq	تیر برق
banco (m)	nimkat	نیمکت

polícia (m)	polis	پلیس
polícia (instituição)	polis	پلیس
mendigo (m)	gedā	گدا
sem-abrigo (m)	bi xānomān	بی خانمان

29. Instituições urbanas

loja (f)	maqāze	مغازه
farmácia (f)	dāruxāne	داروخانه
ótica (f)	eynak foruši	عینک فروشی
centro (m) comercial	markaz-e tejāri	مرکز تجاری
supermercado (m)	supermārket	سوپرمارکت

padaria (f)	nānvāyi	نانوایی
padeiro (m)	nānvā	نانوا
pastelaria (f)	qannādi	قنادی
mercearia (f)	baqqāli	بقالی
talho (m)	gušt foruši	گوشت فروشی

| loja (f) de legumes | sabzi foruši | سبزی فروشی |
| mercado (m) | bāzār | بازار |

café (m)	kāfe	کافه
restaurante (m)	resturān	رستوران
bar (m), cervejaria (f)	bār	بار
pizzaria (f)	pitzā-foruši	پیتزا فروشی

salão (m) de cabeleireiro	ārāyešgāh	آرایشگاه
correios (m pl)	post	پست
lavandaria (f)	xošk-šuyi	خشکشویی
estúdio (m) fotográfico	ātolye-ye akkāsi	آتلیۀ عکاسی

sapataria (f)	kafš foruši	کفش فروشی
livraria (f)	ketāb-foruši	کتاب فروشی
loja (f) de artigos de desporto	maqāze-ye varzeši	مغازۀ ورزشی

reparação (f) de roupa	ta'mir-e lebās	تعمیر لباس
aluguer (m) de roupa	kerāye-ye lebās	کرایۀ لباس
aluguer (m) de filmes	kerāye-ye film	کرایۀ فیلم

circo (m)	sirak	سیرک
jardim (m) zoológico	bāq-e vahš	باغ وحش
cinema (m)	sinamā	سینما
museu (m)	muze	موزه

biblioteca (f)	ketābxāne	كتابخانه
teatro (m)	teātr	تئاتر
ópera (f)	operā	اپرا
clube (m) noturno	kābāre	كاباره
casino (m)	kāzino	كازينو

mesquita (f)	masjed	مسجد
sinagoga (f)	kenešt	كنشت
catedral (f)	kelisā-ye jāme'	كليساى جامع
templo (m)	ma'bad	معبد
igreja (f)	kelisā	كليسا

instituto (m)	anistito	انستيتو
universidade (f)	dānešgāh	دانشگاه
escola (f)	madrese	مدرسه

prefeitura (f)	ostāndāri	استاندارى
câmara (f) municipal	šahrdāri	شهردارى
hotel (m)	hotel	هتل
banco (m)	bānk	بانك

embaixada (f)	sefārat	سفارت
agência (f) de viagens	āžāns-e jahāngardi	آژانس جهانگردى
agência (f) de informações	daftar-e ettelāāt	دفتر اطلاعات
casa (f) de câmbio	sarrāfi	صرافى

| metro (m) | metro | مترو |
| hospital (m) | bimārestān | بيمارستان |

| posto (m) de gasolina | pomp-e benzin | پمپ بنزين |
| parque (m) de estacionamento | pārking | پاركينگ |

30. Sinais

letreiro (m)	tāblo	تابلو
inscrição (f)	nevešte	نوشته
cartaz, póster (m)	poster	پوستر
sinal (m) informativo	rāhnamā	راهنما
seta (f)	alāmat	علامت

aviso (advertência)	ehtiyāt	احتياط
sinal (m) de aviso	alāmat-e hošdār	علامت هشدار
avisar, advertir (vt)	hošdār dādan	هشدار دادن

dia (m) de folga	ruz-e ta'til	روز تعطيل
horário (m)	jadval	جدول
horário (m) de funcionamento	sā'athā-ye kāri	ساعت هاى كارى

BEM-VINDOS!	xoš āmadid	خوش آمديد
ENTRADA	vorud	ورود
SAÍDA	xoruj	خروج

| EMPURRE | hel dādan | هل دادن |
| PUXE | bekešid | بكشيد |

| ABERTO | bāz | باز |
| FECHADO | baste | بسته |

| MULHER | zanāne | زنانه |
| HOMEM | mardāne | مردانه |

DESCONTOS	taxfif	تخفیف
SALDOS	harāj	حراج
NOVIDADE!	jadid	جدید
GRÁTIS	majjāni	مجانی

ATENÇÃO!	tavajjoh	توجه
NÃO HÁ VAGAS	otāq-e xāli nadārim	اتاق خالی نداریم
RESERVADO	rezerv šode	رزرو شده

| ADMINISTRAÇÃO | edāre | اداره |
| SOMENTE PESSOAL AUTORIZADO | xāse personel | خاص پرسنل |

CUIDADO CÃO FEROZ	movāzeb-e sag bāšid	مواظب سگ باشید
PROIBIDO FUMAR!	sigār kešidan mamnu'	سیگار کشیدن ممنوع
NÃO TOCAR	dast nazanid	دست نزنید

PERIGOSO	xatarnāk	خطرناک
PERIGO	xatar	خطر
ALTA TENSÃO	voltāj bālā	ولتاژ بالا
PROIBIDO NADAR	šenā mamnu'	شنا ممنوع
AVARIADO	xārāb	خراب

INFLAMÁVEL	qābel-e ehterāq	قابل احتراق
PROIBIDO	mamnu'	ممنوع
ENTRADA PROIBIDA	obur mamnu'	عبور ممنوع
CUIDADO TINTA FRESCA	rang-e xis	رنگ خیس

31. Compras

comprar (vt)	xarid kardan	خرید کردن
compra (f)	xarid	خرید
fazer compras	xarid kardan	خرید کردن
compras (f pl)	xarid	خرید

| estar aberta (loja, etc.) | bāz budan | باز بودن |
| estar fechada | baste budan | بسته بودن |

calçado (m)	kafš	کفش
roupa (f)	lebās	لباس
cosméticos (m pl)	lavāzem-e ārāyeši	لوازم آرایشی
alimentos (m pl)	mavādd-e qazāyi	مواد غذایی
presente (m)	hedye	هدیه

vendedor (m)	forušande	فروشنده
vendedora (f)	forušande-ye zan	فروشنده زن
caixa (f)	sanduq	صندوق
espelho (m)	āyene	آینه

balcão (m)	pišxān	پیشخوان
cabine (f) de provas	otāq porov	اتاق پرو
provar (vt)	emtehān kardan	امتحان کردن
servir (vi)	monāseb budan	مناسب بودن
gostar (apreciar)	dust dāštan	دوست داشتن
preço (m)	qeymat	قیمت
etiqueta (f) de preço	barčasb-e qeymat	برچسب قیمت
custar (vt)	qeymat dāštan	قیمت داشتن
Quanto?	čeqadr?	چقدر؟
desconto (m)	taxfif	تخفیف
não caro	arzān	ارزان
barato	arzān	ارزان
caro	gerān	گران
É caro	gerān ast	گران است
aluguer (m)	kerāye	کرایه
alugar (vestidos, etc.)	kerāye kardan	کرایه کردن
crédito (m)	vām	وام
a crédito	xarid-e e'tebāri	خرید اعتباری

VESTUÁRIO & ACESSÓRIOS

32. Roupa exterior. Casacos

roupa (f)	lebās	لباس
roupa (f) exterior	lebās-e ru	لباس رو
roupa (f) de inverno	lebās-e zemestāni	لباس زمستانی
sobretudo (m)	pāltow	پالتو
casaco (m) de peles	pālto-ye pustin	پالتوی پوستین
casaco curto (m) de peles	kot-e pustin	کت پوستین
casaco (m) acolchoado	kāpšan	کاپشن
casaco, blusão (m)	kot	کت
impermeável (m)	bārāni	بارانی
impermeável	zed-e āb	ضد آب

33. Vestuário de homem & mulher

camisa (f)	pirāhan	پیراهن
calças (f pl)	šalvār	شلوار
calças (f pl) de ganga	jin	جین
casaco (m) de fato	kot	کت
fato (m)	kat-o šalvār	کت و شلوار
vestido (ex. ~ vermelho)	lebās	لباس
saia (f)	dāman	دامن
blusa (f)	boluz	بلوز
casaco (m) de malha	jeliqe-ye kešbāf	جلیقه کشباف
casaco, blazer (m)	kot	کت
T-shirt, camiseta (f)	tey šarr-at	تی شرت
calções (Bermudas, etc.)	šalvarak	شلوارک
fato (m) de treino	lebās-e varzeši	لباس ورزشی
roupão (m) de banho	howle-ye hamām	حوله حمام
pijama (m)	pižāme	پیژامه
suéter (m)	poliver	پلیور
pulôver (m)	poliver	پلیور
colete (m)	jeliqe	جلیقه
fraque (m)	kat-e dāman gerd	کت دامن گرد
smoking (m)	esmoking	اسموکینگ
uniforme (m)	oniform	اونیفورم
roupa (f) de trabalho	lebās-e kār	لباس کار
fato-macaco (m)	rupuš	روپوش
bata (~ branca, etc.)	rupuš	روپوش

34. Vestuário. Roupa interior

roupa (f) interior	lebās-e zir	لباس زیر
cuecas boxer (f pl)	šort-e bākser	شورت باکسر
cuecas (f pl)	šort-e zanāne	شورت زنانه
camisola (f) interior	zir-e pirāhan-i	زیر پیراهنی
peúgas (f pl)	jurāb	جوراب
camisa (f) de noite	lebās-e xāb	لباس خواب
sutiã (m)	sine-ye band	سینه بند
meias longas (f pl)	sāq	ساق
meia-calça (f)	jurāb-e šalvāri	جوراب شلواری
meias (f pl)	jurāb-e sāqeboland	جوراب ساقه بلند
fato (m) de banho	māyo	مایو

35. Adereços de cabeça

chapéu (m)	kolāh	کلاه
chapéu (m) de feltro	šāpo	شاپو
boné (m) de beisebol	kolāh beysbāl	کلاه بیس بال
boné (m)	kolāh-e taxt	کلاه تخت
boina (f)	kolāh barre	کلاه بره
capuz (m)	kolāh-e bārāni	کلاه بارانی
panamá (m)	kolāh-e dowre-ye boland	کلاه دوره بلند
gorro (m) de malha	kolāh-e bāftani	کلاه بافتنی
lenço (m)	rusari	روسری
chapéu (m) de mulher	kolāh-e zanāne	کلاه زنانه
capacete (m) de proteção	kolāh-e imeni	کلاه ایمنی
bibico (m)	kolāh-e pādegān	کلاه پادگان
capacete (m)	kolāh-e imeni	کلاه ایمنی
chapéu-coco (m)	kolāh-e namadi	کلاه نمدی
chapéu (m) alto	kolāh-e ostovānei	کلاه استوانه ای

36. Calçado

calçado (m)	kafš	کفش
botinas (f pl)	putin	پوتین
sapatos (de salto alto, etc.)	kafš	کفش
botas (f pl)	čakme	چکمه
pantufas (f pl)	dampāyi	دمپایی
ténis (m pl)	kafš katān-i	کفش کتانی
sapatilhas (f pl)	kafš katān-i	کفش کتانی
sandálias (f pl)	sandal	صندل
sapateiro (m)	kaffāš	کفاش
salto (m)	pāšne-ye kafš	پاشنۀ کفش

par (m)	yek joft	یک جفت
atacador (m)	band-e kafš	بند کفش
apertar os atacadores	band-e kafš bastan	بند کفش بستن
calçadeira (f)	pāšne keš	پاشنه کش
graxa (f) para calçado	vāks	واکس

37. Acessórios pessoais

luvas (f pl)	dastkeš	دستکش
mitenes (f pl)	dastkeš-e yek angošti	دستکش یک انگشتی
cachecol (m)	šāl-e gardan	شال گردن

óculos (m pl)	eynak	عینک
armação (f) de óculos	qāb	قاب
guarda-chuva (m)	čatr	چتر
bengala (f)	asā	عصا
escova (f) para o cabelo	bores-e mu	برس مو
leque (m)	bādbezan	بادبزن

gravata (f)	kerāvāt	کراوات
gravata-borboleta (f)	pāpiyon	پاپیون
suspensórios (m pl)	band šalvār	بند شلوار
lenço (m)	dastmāl	دستمال

pente (m)	šāne	شانه
travessão (m)	sanjāq-e mu	سنجاق مو
gancho (m) de cabelo	sanjāq-e mu	سنجاق مو
fivela (f)	sagak	سگک

| cinto (m) | kamarband | کمربند |
| correia (f) | tasme | تسمه |

mala (f)	keyf	کیف
mala (f) de senhora	keyf-e zanāne	کیف زنانه
mochila (f)	kule pošti	کولۀ پشتی

38. Vestuário. Diversos

moda (f)	mod	مد
na moda	mod	مد
estilista (m)	tarrāh-e lebas	طراح لباس

colarinho (m), gola (f)	yaqe	یقه
bolso (m)	jib	جیب
de bolso	jibi	جیبی
manga (f)	āstin	آستین
alcinha (f)	band-e āviz	بند آویز
braguilha (f)	zip	زیپ

fecho (m) de correr	zip	زیپ
fecho (m), colchete (m)	sagak	سگک
botão (m)	dokme	دکمه

casa (f) de botão	surāx-e dokme	سوراخ دكمه
soltar-se (vr)	kande šodan	كنده شدن

coser, costurar (vi)	duxtan	دوختن
bordar (vt)	golduzi kardan	گلدوزی کردن
bordado (m)	golduzi	گلدوزی
agulha (f)	suzan	سوزن
fio (m)	nax	نخ
costura (f)	darz	درز

sujar-se (vr)	kasif šodan	كثیف شدن
mancha (f)	lakke	لكه
engelhar-se (vr)	čoruk šodan	چروک شدن
rasgar (vt)	pāre kardan	پاره کردن
traça (f)	šab parre	شب پره

39. Cuidados pessoais. Cosméticos

pasta (f) de dentes	xamir-e dandān	خمیر دندان
escova (f) de dentes	mesvāk	مسواک
escovar os dentes	mesvāk zadan	مسواک زدن

máquina (f) de barbear	tiq	تیغ
creme (m) de barbear	kerem-e riš tarāši	کرم ریش تراشی
barbear-se (vr)	riš tarāšidan	ریش تراشیدن

sabonete (m)	sābun	صابون
champô (m)	šāmpu	شامپو

tesoura (f)	qeyči	قیچی
lima (f) de unhas	sohan-e nāxon	سوهان ناخن
corta-unhas (m)	nāxon gir	ناخن گیر
pinça (f)	mučin	موچین

cosméticos (m pl)	lavāzem-e ārāyeši	لوازم آرایشی
máscara (f) facial	māsk	ماسک
manicura (f)	mānikur	مانیکور
fazer a manicura	mānikur kardan	مانیکور کردن
pedicure (f)	pedikur	پدیکور

mala (f) de maquilhagem	kife lavāzem-e ārāyeši	کیف لوازم آرایشی
pó (m)	pudr	پودر
caixa (f) de pó	ja'be-ye pudr	جعبۀ پودر
blush (m)	sorxāb	سرخاب

perfume (m)	atr	عطر
água (f) de toilette	atr	عطر
loção (f)	losiyon	لوسیون
água-de-colónia (f)	odkolon	اودکلن

sombra (f) de olhos	sāye-ye češm	سایه چشم
lápis (m) delineador	medād čašm	مداد چشم
máscara (f), rímel (m)	rimel	ریمل
batom (m)	mātik	ماتیک

verniz (m) de unhas	lāk-e nāxon	لاک ناخن
laca (f) para cabelos	esperey-ye mu	اسپری مو
desodorizante (m)	deodyrant	دئودورانت
creme (m)	kerem	کرم
creme (m) de rosto	kerem-e surat	کرم صورت
creme (m) de mãos	kerem-e dast	کرم دست
creme (m) antirrugas	kerem-e zedd-e čoruk	کرم ضد چروک
creme (m) de dia	kerem-e ruz	کرم روز
creme (m) de noite	kerem-e šab	کرم شب
de dia	ruzāne	روزانه
da noite	šab	شب
tampão (m)	tāmpon	تامپون
papel (m) higiénico	kāqaz-e tuālet	کاغذ توالت
secador (m) elétrico	sešovār	سشوار

40. Relógios de pulso. Relógios

relógio (m) de pulso	sā'at-e moči	ساعت مچی
mostrador (m)	safhe-ye sā'at	صفحهٔ ساعت
ponteiro (m)	aqrabe	عقربه
bracelete (f) em aço	band-e sāat	بند ساعت
bracelete (f) em couro	band-e čarmi	بند چرمی
pilha (f)	bātri	باطری
descarregar-se	tamām šodan bātri	تمام شدن باتری
trocar a pilha	bātri avaz kardan	باطری عوض کردن
estar adiantado	jelo oftādan	جلو افتادن
estar atrasado	aqab māndan	عقب ماندن
relógio (m) de parede	sā'at-e divāri	ساعت دیواری
ampulheta (f)	sā'at-e šeni	ساعت شنی
relógio (m) de sol	sā'at-e āftābi	ساعت آفتابی
despertador (m)	sā'at-e zang dār	ساعت زنگ دار
relojoeiro (m)	sā'at sāz	ساعت ساز
reparar (vt)	ta'mir kardan	تعمیر کردن

EXPERIÊNCIA DO QUOTIDIANO

41. Dinheiro

dinheiro (m)	pul	پول
câmbio (m)	tabdil-e arz	تبدیل ارز
taxa (f) de câmbio	nerx-e arz	نرخ ارز
Caixa Multibanco (m)	xodpardāz	خودپرداز
moeda (f)	sekke	سکه
dólar (m)	dolār	دلار
euro (m)	yuro	یورو
lira (f)	lire	لیره
marco (m)	mārk	مارک
franco (m)	farānak	فرانک
libra (f) esterlina	pond-e esterling	پوند استرلینگ
iene (m)	yen	ین
dívida (f)	qarz	قرض
devedor (m)	bedehkār	بدهکار
emprestar (vt)	qarz dādan	قرض دادن
pedir emprestado	qarz gereftan	قرض گرفتن
banco (m)	bānk	بانک
conta (f)	hesāb-e bānki	حساب بانکی
depositar (vt)	rixtan	ریختن
depositar na conta	be hesāb rixtan	به حساب ریختن
levantar (vt)	az hesāb bardāštan	از حساب برداشتن
cartão (m) de crédito	kārt-e e'tebāri	کارت اعتباری
dinheiro (m) vivo	pul-e naqd	پول نقد
cheque (m)	ček	چک
passar um cheque	ček neveštan	چک نوشتن
livro (m) de cheques	daste-ye ček	دسته چک
carteira (f)	kif-e pul	کیف پول
porta-moedas (m)	kif-e pul	کیف پول
cofre (m)	gāvsanduq	گاوصندوق
herdeiro (m)	vāres	وارث
herança (f)	mirās	میراث
fortuna (riqueza)	dārāyi	دارایی
arrendamento (m)	ejāre	اجاره
renda (f) de casa	kerāye-ye xāne	کرایهٔ خانه
alugar (vt)	ejāre kardan	اجاره کردن
preço (m)	qeymat	قیمت
custo (m)	arzeš	ارزش

soma (f)	jam'-e kol	جمع کل
gastar (vt)	xarj kardan	خرج کردن
gastos (m pl)	maxārej	مخارج
economizar (vi)	sarfeju-yi kardan	صرفه جویی کردن
económico	maqrun besarfe	مقرون به صرفه

pagar (vt)	pardāxtan	پرداختن
pagamento (m)	pardāxt	پرداخت
troco (m)	pul-e xerad	پول خرد

imposto (m)	māliyāt	مالیات
multa (f)	jarime	جریمه
multar (vt)	jarime kardan	جریمه کردن

42. Correios. Serviço postal

correios (m pl)	post	پست
correio (m)	post	پست
carteiro (m)	nāme resān	نامه رسان
horário (m)	sā'athā-ye kāri	ساعت های کاری

carta (f)	nāme	نامه
carta (f) registada	nāme-ye sefāreši	نامه سفارشی
postal (m)	kārt-e postāl	کارت پستال
telegrama (m)	telegrām	تلگرام
encomenda (f) postal	baste posti	بسته پستی
remessa (f) de dinheiro	havāle	حواله

receber (vt)	gereftan	گرفتن
enviar (vt)	ferestādan	فرستادن
envio (m)	ersāl	ارسال
endereço (m)	nešāni	نشانی
código (m) postal	kod-e posti	کد پستی
remetente (m)	ferestande	فرستنده
destinatário (m)	girande	گیرنده

nome (m)	esm	اسم
apelido (m)	nām-e xānevādegi	نام خانوادگی
tarifa (f)	ta'refe	تعرفه
ordinário	ādi	عادی
económico	ādi	عادی

peso (m)	vazn	وزن
pesar (estabelecer o peso)	vazn kardan	وزن کردن
envelope (m)	pākat	پاکت
selo (m)	tambr	تمبر
colar o selo	tamr zadan	تمبر زدن

43. Banca

| banco (m) | bānk | بانک |
| sucursal, balcão (f) | šo'be | شعبه |

| consultor (m) | mošāver | مشاور |
| gerente (m) | modir | مدير |

conta (f)	hesāb-e bānki	حساب بانکی
número (m) da conta	šomāre-ye hesāb	شمارۀ حساب
conta (f) corrente	hesāb-e jāri	حساب جاری
conta (f) poupança	hesāb-e pasandāz	حساب پس انداز

abrir uma conta	hesāb-e bāz kardan	حساب باز کردن
fechar uma conta	hesāb rā bastan	حساب را بستن
depositar na conta	be hesāb rixtan	به حساب ریختن
levantar (vt)	az hesāb bardāštan	از حساب برداشتن

depósito (m)	seporde	سپرده
fazer um depósito	seporde gozāštan	سپرده گذاشتن
transferência (f) bancária	enteqāl	انتقال
transferir (vt)	enteqāl dādan	انتقال دادن

| soma (f) | jamʿ-e kol | جمع کل |
| Quanto? | čeqadr? | چقدر؟ |

| assinatura (f) | emzāʾ | امضاء |
| assinar (vt) | emzā kardan | امضا کردن |

cartão (m) de crédito	kārt-e eʿtebāri	کارت اعتباری
código (m)	kod	کد
número (m) do cartão de crédito	šomāre-ye kārt-e eʿtebāri	شماره کارت اعتباری
Caixa Multibanco (m)	xodpardāz	خودپرداز

cheque (m)	ček	چک
passar um cheque	ček neveštan	چک نوشتن
livro (m) de cheques	daste-ye ček	دسته چک

empréstimo (m)	eʿtebār	اعتبار
pedir um empréstimo	darxāst-e vam kardan	درخواست وام کردن
obter um empréstimo	vām gereftan	وام گرفتن
conceder um empréstimo	vām dādan	وام دادن
garantia (f)	zemānat	ضمانت

44. Telefone. Conversação telefónica

telefone (m)	telefon	تلفن
telemóvel (m)	telefon-e hamrāh	تلفن همراه
secretária (f) electrónica	monši-ye telefoni	منشی تلفنی

| fazer uma chamada | telefon zadan | تلفن زدن |
| chamada (f) | tamās-e telefoni | تماس تلفنی |

marcar um número	šomāre gereftan	شماره گرفتن
Alô!	alo!	الو!
perguntar (vt)	porsidan	پرسیدن
responder (vt)	javāb dādan	جواب دادن
ouvir (vt)	šenidan	شنیدن

bem	xub	خوب
mal	bad	بد
ruído (m)	sedā	صدا

auscultador (m)	guši	گوشی
pegar o telefone	guši rā bar dāštan	گوشی را برداشتن
desligar (vi)	guši rā gozāštan	گوشی را گذاشتن

ocupado	mašqul	مشغول
tocar (vi)	zang zadan	زنگ زدن
lista (f) telefónica	daftar-e telefon	دفتر تلفن

local	mahalli	محلی
chamada (f) local	telefon-e dāxeli	تلفن داخلی
de longa distância	beyn-e šahri	بین شهری
chamada (f) de longa distância	telefon-e beyn-e šahri	تلفن بین شهری
internacional	beynolmelali	بین المللی
chamada (f) internacional	telefon-e beynolmelali	تلفن بین المللی

45. Telefone móvel

telemóvel (m)	telefon-e hamrāh	تلفن همراه
ecrã (m)	namāyešgar	نمایشگر
botão (m)	dokme	دکمه
cartão SIM (m)	sim-e kārt	سیم کارت

bateria (f)	bātri	باطری
descarregar-se	tamām šodan bātri	تمام شدن باتری
carregador (m)	šāržer	شارژ

menu (m)	meno	منو
definições (f pl)	tanzimāt	تنظیمات
melodia (f)	āhang	آهنگ
escolher (vt)	entexāb kardan	انتخاب کردن

calculadora (f)	māšin-e hesāb	ماشین حساب
correio (m) de voz	monši-ye telefoni	منشی تلفنی
despertador (m)	sā'at-e zang dār	ساعت زنگ دار
contatos (m pl)	daftar-e telefon	دفتر تلفن

| mensagem (f) de texto | payāmak | پیامک |
| assinante (m) | moštarek | مشترک |

46. Estacionário

| caneta (f) | xodkār | خودکار |
| caneta (f) tinteiro | xodnevis | خودنویس |

lápis (m)	medād	مداد
marcador (m)	māžik	ماژیک
caneta (f) de feltro	māžik	ماژیک

| bloco (m) de notas | daftar-e yāddāšt | دفتر یادداشت |
| agenda (f) | daftar-e yāddāšt | دفتر یادداشت |

régua (f)	xat keš	خط کش
calculadora (f)	māšin-e hesāb	ماشین حساب
borracha (f)	pāk kon	پاک کن
pionés (m)	punez	پونز
clipe (m)	gire	گیره

cola (f)	časb	چسب
agrafador (m)	mangane-ye zan	منگنه زن
furador (m)	pānč	پانچ
afia-lápis (m)	madād-e tarāš	مداد تراش

47. Línguas estrangeiras

língua (f)	zabān	زبان
estrangeiro	xāreji	خارجی
língua (f) estrangeira	zabān-e xāreji	زبان خارجی
estudar (vt)	dars xāndan	درس خواندن
aprender (vt)	yād gereftan	یاد گرفتن

ler (vt)	xāndan	خواندن
falar (vi)	harf zadan	حرف زدن
compreender (vt)	fahmidan	فهمیدن
escrever (vt)	neveštan	نوشتن

rapidamente	sariʿ	سریع
devagar	āheste	آسته
fluentemente	ravān	روان

regras (f pl)	qavāʿed	قواعد
gramática (f)	gerāmer	گرامر
vocabulário (m)	vājegān	واژگان
fonética (f)	āvā-šenāsi	آواشناسی

manual (m) escolar	ketāb-e darsi	کتاب درسی
dicionário (m)	farhang-e loqat	فرهنگ لغت
manual (m) de autoaprendizagem	xod-āmuz	خودآموز
guia (m) de conversação	ketāb-e mokāleme	کتاب مکالمه

cassete (f)	kāst	کاست
vídeo cassete (m)	kāst-e video	کاست ویدئو
CD (m)	si-di	سیدی
DVD (m)	dey vey dey	دی وی دی

alfabeto (m)	alefbā	الفبا
soletrar (vt)	heji kardan	هجی کردن
pronúncia (f)	talaffoz	تلفظ

sotaque (m)	lahje	لهجه
com sotaque	bā lahje	با لهجه
sem sotaque	bi lahje	بی لهجه

| palavra (f) | kalame | کلمه |
| sentido (m) | ma'ni | معنی |

cursos (m pl)	dowre	دوره
inscrever-se (vr)	nām-nevisi kardan	نام نویسی کردن
professor (m)	ostād	استاد

tradução (processo)	tarjome	ترجمه
tradução (texto)	tarjome	ترجمه
tradutor (m)	motarjem	مترجم
intérprete (m)	motarjem-e šafāhi	مترجم شفاهی

| poliglota (m) | čand zabāni | چند زبانی |
| memória (f) | hāfeze | حافظه |

REFEIÇÕES. RESTAURANTE

48. Por a mesa

colher (f)	qāšoq	قاشق
faca (f)	kārd	کارد
garfo (m)	čangāl	چنگال
chávena (f)	fenjān	فنجان
prato (m)	bošqāb	بشقاب
pires (m)	na'lbeki	نعلبکی
guardanapo (m)	dastmāl	دستمال
palito (m)	xelāl-e dandān	خلال دندان

49. Restaurante

restaurante (m)	resturān	رستوران
café (m)	kāfe	کافه
bar (m), cervejaria (f)	bār	بار
salão (m) de chá	qahve xāne	قهوه خانه
empregado (m) de mesa	pišxedmat	پیشخدمت
empregada (f) de mesa	pišxedmat	پیشخدمت
barman (m)	motesaddi-ye bār	متصدی بار
ementa (f)	meno	منو
lista (f) de vinhos	kārt-e šarāb	کارت شراب
reservar uma mesa	miz rezerv kardan	میز رزرو کردن
prato (m)	qazā	غذا
pedir (vt)	sefāreš dādan	سفارش دادن
fazer o pedido	sefāreš dādan	سفارش دادن
aperitivo (m)	mašrub-e piš qazā	مشروب پیش غذا
entrada (f)	piš qazā	پیش غذا
sobremesa (f)	deser	دسر
conta (f)	surat hesāb	صورت حساب
pagar a conta	surat-e hesāb rā pardāxtan	صورت حساب را پرداختن
dar o troco	baqiye rā dādan	بقیه را دادن
gorjeta (f)	an'ām	انعام

50. Refeições

comida (f)	qazā	غذا
comer (vt)	xordan	خوردن

pequeno-almoço (m)	sobhāne	صبحانه
tomar o pequeno-almoço	sobhāne xordan	صبحانه خوردن
almoço (m)	nāhār	ناهار
almoçar (vi)	nāhār xordan	ناهار خوردن
jantar (m)	šām	شام
jantar (vi)	šām xordan	شام خوردن

| apetite (m) | eštehā | اشتها |
| Bom apetite! | nuš-e jān | نوش جان |

abrir (~ uma lata, etc.)	bāz kardan	باز کردن
derramar (vt)	rixtan	ریختن
derramar-se (vr)	rixtan	ریختن

ferver (vi)	jušidan	جوشیدن
ferver (vt)	jušāndan	جوشاندن
fervido	jušide	جوشیده
arrefecer (vt)	sard kardan	سرد کردن
arrefecer-se (vr)	sard šodan	سرد شدن

| sabor, gosto (m) | maze | مزه |
| gostinho (m) | maze | مزه |

fazer dieta	lāqar kardan	لاغر کردن
dieta (f)	režim	رژیم
vitamina (f)	vitāmin	ویتامین
caloria (f)	kālori	کالری
vegetariano (m)	giyāh xār	گیاه خوار
vegetariano	giyāh xāri	گیاه خواری

gorduras (f pl)	čarbi-hā	چربی ها
proteínas (f pl)	porotein	پروتئین
carboidratos (m pl)	karbohidrāt-hā	کربو هیدرات ها

fatia (~ de limão, etc.)	qet'e	قطعه
pedaço (~ de bolo)	tekke	تکه
migalha (f)	zarre	ذره

51. Pratos cozinhados

prato (m)	qazā	غذا
cozinha (~ portuguesa)	qazā	غذا
receita (f)	dastur-e poxt	دستور پخت
porção (f)	pors	پرس

| salada (f) | sālād | سالاد |
| sopa (f) | sup | سوپ |

caldo (m)	pāye-ye sup	پایه سوپ
sandes (f)	sāndevič	ساندویچ
ovos (m pl) estrelados	nimru	نیمرو

| hambúrguer (m) | hamberger | همبرگر |
| bife (m) | esteyk | استیک |

conduto (m)	moxallafāt	مخلفات
espaguete (m)	espāgeti	اسپاگتی
puré (m) de batata	pure-ye sibi zamini	پورهٔ سیب زمینی
pizza (f)	pitzā	پیتزا
papa (f)	šurbā	شوربا
omelete (f)	ommol-at	املت

cozido em água	āb paz	آب پز
fumado	dudi	دودی
frito	sorx šode	سرخ شده
seco	xošk	خشک
congelado	yax zade	یخ زده
em conserva	torši	ترشی

doce (açucarado)	širin	شیرین
salgado	šur	شور
frio	sard	سرد
quente	dāq	داغ
amargo	talx	تلخ
gostoso	xoš mazze	خوش مزه

cozinhar (em água a ferver)	poxtan	پختن
fazer, preparar (vt)	poxtan	پختن
fritar (vt)	sorx kardan	سرخ کردن
aquecer (vt)	garm kardan	گرم کردن

salgar (vt)	namak zadan	نمک زدن
apimentar (vt)	felfel pāšidan	فلفل پاشیدن
ralar (vt)	rande kardan	رنده کردن
casca (f)	pust	پوست
descascar (vt)	pust kandan	پوست کندن

52. Comida

carne (f)	gušt	گوشت
galinha (f)	morq	مرغ
frango (m)	juje	جوجه
pato (m)	ordak	اردک
ganso (m)	qāz	غاز
caça (f)	gušt-e šekār	گوشت شکار
peru (m)	gušt-e buqalamun	گوشت بوقلمون

carne (f) de porco	gušt-e xuk	گوشت خوک
carne (f) de vitela	gušt-e gusāle	گوشت گوساله
carne (f) de carneiro	gušt-e gusfand	گوشت گوسفند
carne (f) de vaca	gušt-e gāv	گوشت گاو
carne (f) de coelho	xarguš	خرگوش

chouriço, salsichão (m)	kālbās	کالباس
salsicha (f)	sosis	سوسیس
bacon (m)	beykon	بیکن
fiambre (f)	žāmbon	ژامبون
presunto (m)	rān xuk	ران خوک
patê (m)	pāte	پاته

fígado (m)	jegar	جگر
carne (f) moída	hamberger	همبرگر
língua (f)	zabān	زبان
ovo (m)	toxm-e morq	تخم مرغ
ovos (m pl)	toxm-e morq-ha	تخم مرغ ها
clara (f) do ovo	sefide-ye toxm-e morq	سفیده تخم مرغ
gema (f) do ovo	zarde-ye toxm-e morq	زرده تخم مرغ
peixe (m)	māhi	ماهی
mariscos (m pl)	qazā-ye daryāyi	غذای دریایی
crustáceos (m pl)	saxtpustān	سختپوستان
caviar (m)	xāviār	خاویار
caranguejo (m)	xarčang	خرچنگ
camarão (m)	meygu	میگو
ostra (f)	sadaf-e xorāki	صدف خوراکی
lagosta (f)	xarčang-e xārdār	خرچنگ خاردار
polvo (m)	hašt pā	هشت پا
lula (f)	māhi-ye morakkab	ماهی مرکب
esturjão (m)	māhi-ye xāviār	ماهی خاویار
salmão (m)	māhi-ye salemon	ماهی سالمون
halibute (m)	halibut	هالیبوت
bacalhau (m)	māhi-ye rowqan	ماهی روغن
cavala, sarda (f)	māhi-ye esqumeri	ماهی اسقومری
atum (m)	tan māhi	تن ماهی
enguia (f)	mārmāhi	مارماهی
truta (f)	māhi-ye qezelālā	ماهی قزل آلا
sardinha (f)	sārdin	ساردین
lúcio (m)	ordak māhi	اردک ماهی
arenque (m)	māhi-ye šur	ماهی شور
pão (m)	nān	نان
queijo (m)	panir	پنیر
açúcar (m)	qand	قند
sal (m)	namak	نمک
arroz (m)	berenj	برنج
massas (f pl)	mākāroni	ماکارونی
talharim (m)	rešte-ye farangi	رشته فرنگی
manteiga (f)	kare	کره
óleo (m) vegetal	rowqan-e nabāti	روغن نباتی
óleo (m) de girassol	rowqan āftābgardān	روغن آفتاب گردان
margarina (f)	mārgārin	مارگارین
azeitonas (f pl)	zeytun	زیتون
azeite (m)	rowqan-e zeytun	روغن زیتون
leite (m)	šir	شیر
leite (m) condensado	šir-e čegāl	شیر چگال
iogurte (m)	mās-at	ماست
nata (f) azeda	xāme-ye torš	خامهٔ ترش

nata (f) do leite	saršir	سرشیر
maionese (f)	māyonez	مایونز
creme (m)	xāme	خامه

grãos (m pl) de cereais	hobubāt	حبوبات
farinha (f)	ārd	آرد
enlatados (m pl)	konserv-hā	کنسرو ها

flocos (m pl) de milho	bereštuk	برشتوک
mel (m)	asal	عسل
doce (m)	morabbā	مربا
pastilha (f) elástica	ādāms	آدامس

53. Bebidas

água (f)	āb	آب
água (f) potável	āb-e āšāmidani	آب آشامیدنی
água (f) mineral	āb-e ma'dani	آب معدنی

sem gás	bedun-e gāz	بدون گاز
gaseificada	gāzdār	گازدار
com gás	gāzdār	گازدار
gelo (m)	yax	یخ
com gelo	yax dār	یخ دار

sem álcool	bi alkol	بی الکل
bebida (f) sem álcool	nušābe-ye bi alkol	نوشابۀ بی الکل
refresco (m)	nušābe-ye xonak	نوشابۀ خنک
limonada (f)	limunād	لیموناد

bebidas (f pl) alcoólicas	mašrubāt-e alkoli	مشروبات الکلی
vinho (m)	šarāb	شراب
vinho (m) branco	šarāb-e sefid	شراب سفید
vinho (m) tinto	šarāb-e sorx	شراب سرخ

licor (m)	likor	لیکور
champanhe (m)	šāmpāyn	شامپاین
vermute (m)	vermut	ورموت

uísque (m)	viski	ویسکی
vodka (f)	vodkā	ودکا
gim (m)	jin	جین
conhaque (m)	konyāk	کنیاک
rum (m)	araq-e neyšekar	عرق نیشکر

café (m)	qahve	قهوه
café (m) puro	qahve-ye talx	قهوۀ تلخ
café (m) com leite	šir-qahve	شیرقهوه
cappuccino (m)	kāpočino	کاپوچینو
café (m) solúvel	qahve-ye fowri	قهوه فوری

leite (m)	šir	شیر
coquetel (m)	kuktel	کوکتل
batido (m) de leite	kuktele šir	کوکتل شیر

sumo (m)	āb-e mive	آب ميوه
sumo (m) de tomate	āb-e gowjefarangi	آب گوجه فرنگی
sumo (m) de laranja	āb-e porteqāl	آب پرتقال
sumo (m) fresco	āb-e mive-ye taze	آب ميوهٔ تازه

cerveja (f)	ābejow	آبجو
cerveja (f) clara	ābejow-ye sabok	آبجوی سبک
cerveja (f) preta	ābejow-ye tire	آبجوی تيره

chá (m)	čāy	چای
chá (m) preto	čāy-e siyāh	چای سياه
chá (m) verde	čāy-e sabz	چای سبز

54. Vegetais

| legumes (m pl) | sabzijāt | سبزيجات |
| verduras (f pl) | sabzi | سبزی |

tomate (m)	gowje farangi	گوجه فرنگی
pepino (m)	xiyār	خيار
cenoura (f)	havij	هويج
batata (f)	sib zamini	سيب زمينی
cebola (f)	piyāz	پياز
alho (m)	sir	سير

couve (f)	kalam	کلم
couve-flor (f)	gol kalam	گل کلم
couve-de-bruxelas (f)	koll-am boruksel	کلم بروکسل
brócolos (m pl)	kalam borokli	کلم بروکلی

beterraba (f)	čoqondar	چغندر
beringela (f)	bādenjān	بادنجان
curgete (f)	kadu sabz	کدو سبز

| abóbora (f) | kadu tanbal | کدو تنبل |
| nabo (m) | šalqam | شلغم |

salsa (f)	ja'fari	جعفری
funcho, endro (m)	šavid	شويد
alface (f)	kāhu	کاهو
aipo (m)	karafs	کرفس

| espargo (m) | mārčube | مارچوبه |
| espinafre (m) | esfenāj | اسفناج |

| ervilha (f) | noxod | نخود |
| fava (f) | lubiyā | لوبيا |

| milho (m) | zorrat | ذرت |
| feijão (m) | lubiyā qermez | لوبيا قرمز |

pimentão (m)	felfel	فلفل
rabanete (m)	torobče	تربچه
alcachofra (f)	kangar farangi	کنگر فرنگی

55. Frutos. Nozes

fruta (f)	mive	میوه
maçã (f)	sib	سیب
pera (f)	golābi	گلابی
limão (m)	limu	لیمو
laranja (f)	porteqāl	پرتقال
morango (m)	tut-e farangi	توت فرنگی
tangerina (f)	nārengi	نارنگی
ameixa (f)	ālu	آلو
pêssego (m)	holu	هلو
damasco (m)	zardālu	زردآلو
framboesa (f)	tamešk	تمشک
ananás (m)	ānānās	آناناس
banana (f)	mowz	موز
melancia (f)	hendevāne	هندوانه
uva (f)	angur	انگور
ginja (f)	ālbālu	آلبالو
cereja (f)	gilās	گیلاس
meloa (f)	xarboze	خربزه
toranja (f)	gerip forut	گریپ فوروت
abacate (m)	āvokādo	اووکادو
papaia (f)	pāpāyā	پاپایا
manga (f)	anbe	انبه
romã (f)	anār	انار
groselha (f) vermelha	angur-e farangi-ye sorx	انگور فرنگی سرخ
groselha (f) preta	angur-e farangi-ye siyāh	انگور فرنگی سیاه
groselha (f) espinhosa	angur-e farangi	انگور فرنگی
mirtilo (m)	zoqāl axte	زغال اخته
amora silvestre (f)	šāh tut	شاه توت
uvas (f pl) passas	kešmeš	کشمش
figo (m)	anjir	انجیر
tâmara (f)	xormā	خرما
amendoim (m)	bādām zamin-i	بادام زمینی
amêndoa (f)	bādām	بادام
noz (f)	gerdu	گردو
avelã (f)	fandoq	فندق
coco (m)	nārgil	نارگیل
pistáchios (m pl)	peste	پسته

56. Pão. Bolaria

pastelaria (f)	širini jāt	شیرینی جات
pão (m)	nān	نان
bolacha (f)	biskuit	بیسکوییت
chocolate (m)	šokolāt	شکلات
de chocolate	šokolāti	شکلاتی

rebuçado (m)	āb nabāt	آب نبات
bolo (cupcake, etc.)	nān-e širini	نان شیرینی
bolo (m) de aniversário	širini	شیرینی
tarte (~ de maçã)	keyk	کیک
recheio (m)	čāšni	چاشنی
doce (m)	morabbā	مربا
geleia (f) de frutas	mārmālād	مارمالاد
waffle (m)	vāfel	وافل
gelado (m)	bastani	بستنی
pudim (m)	puding	پودینگ

57. Especiarias

sal (m)	namak	نمک
salgado	šur	شور
salgar (vt)	namak zadan	نمک زدن
pimenta (f) preta	felfel-e siyāh	فلفل سیاه
pimenta (f) vermelha	felfel-e sorx	فلفل سرخ
mostarda (f)	xardal	خردل
raiz-forte (f)	torob-e kuhi	ترب کوهی
condimento (m)	adviye	ادویه
especiaria (f)	adviye	ادویه
molho (m)	ses	سس
vinagre (m)	serke	سرکه
anis (m)	rāziyāne	رازیانه
manjericão (m)	reyhān	ریحان
cravo (m)	mixak	میخک
gengibre (m)	zanjefil	زنجفیل
coentro (m)	gešniz	گشنیز
canela (f)	dārčin	دارچین
sésamo (m)	konjed	کنجد
folhas (f pl) de louro	barg-e bu	برگ بو
páprica (f)	paprika	پاپریکا
cominho (m)	zire	زیره
açafrão (m)	za'ferān	زعفران

INFORMAÇÃO PESSOAL. FAMÍLIA

58. Informação pessoal. Formulários

nome (m)	esm	اسم
apelido (m)	nām-e xānevādegi	نام خانوادگی
data (f) de nascimento	tārix-e tavallod	تاریخ تولد
local (m) de nascimento	mahall-e tavallod	محل تولد
nacionalidade (f)	melliyat	ملیت
lugar (m) de residência	mahall-e sokunat	محل سکونت
país (m)	kešvar	کشور
profissão (f)	šoql	شغل
sexo (m)	jens	جنس
estatura (f)	qad	قد
peso (m)	vazn	وزن

59. Membros da família. Parentes

mãe (f)	mādar	مادر
pai (m)	pedar	پدر
filho (m)	pesar	پسر
filha (f)	doxtar	دختر
filha (f) mais nova	doxtar-e kučak	دختر کوچک
filho (m) mais novo	pesar-e kučak	پسر کوچک
filha (f) mais velha	doxtar-e bozorg	دختر بزرگ
filho (m) mais velho	pesar-e bozorg	پسر بزرگ
irmão (m)	barādar	برادر
irmão (m) mais velho	barādar-e bozorg	برادر بزرگ
irmão (m) mais novo	barādar-e kučak	برادر کوچک
irmã (f)	xāhar	خواهر
irmã (f) mais velha	xāhar-e bozorg	خواهر بزرگ
irmã (f) mais nova	xāhar-e kučak	خواهر کوچک
primo (m)	pesar 'amu	پسر عمو
prima (f)	doxtar amu	دختر عمو
mamã (f)	māmān	مامان
papá (m)	bābā	بابا
pais (pl)	vāledeyn	والدین
criança (f)	kudak	کودک
crianças (f pl)	bače-hā	بچه ها
avó (f)	mādarbozorg	مادربزرگ
avô (m)	pedar-bozorg	پدربزرگ

neto (m)	nave	نوه
neta (f)	nave	نوه
netos (pl)	nave-hā	نوه ها

tio (m)	amu	عمو
tia (f)	xāle yā amme	خاله یا عمه
sobrinho (m)	barādar-zāde	برادرزاده
sobrinha (f)	xāhar-zāde	خواهرزاده

sogra (f)	mādarzan	مادرزن
sogro (m)	pedar-šowhar	پدرشوهر
genro (m)	dāmād	داماد
madrasta (f)	nāmādari	نامادری
padrasto (m)	nāpedari	ناپدری

criança (f) de colo	nowzād	نوزاد
bebé (m)	širxār	شیرخوار
menino (m)	pesar-e kučulu	پسر کوچولو

mulher (f)	zan	زن
marido (m)	šowhar	شوهر
esposo (m)	hamsar	همسر
esposa (f)	hamsar	همسر

casado	mote'ahhel	متاهل
casada	mote'ahhel	متاهل
solteiro	mojarrad	مجرد
solteirão (m)	mojarrad	مجرد
divorciado	talāq gerefte	طلاق گرفته
viúva (f)	bive zan	بیوه زن
viúvo (m)	bive	بیوه

parente (m)	xišāvand	خویشاوند
parente (m) próximo	aqvām-e nazdik	اقوام نزدیک
parente (m) distante	aqvām-e dur	اقوام دور
parentes (m pl)	aqvām	اقوام

órfão (m), órfã (f)	yatim	یتیم
tutor (m)	qayyem	قیم
adotar (um filho)	be pesari gereftan	به پسری گرفتن
adotar (uma filha)	be doxtari gereftan	به دختری گرفتن

60. Amigos. Colegas de trabalho

amigo (m)	dust	دوست
amiga (f)	dust	دوست
amizade (f)	dusti	دوستی
ser amigos	dust budan	دوست بودن

amigo (m)	rafiq	رفیق
amiga (f)	rafiq	رفیق
parceiro (m)	šarik	شریک
chefe (m)	ra'is	رئیس
superior (m)	ra'is	رئیس

proprietário (m)	sāheb	صاحب
subordinado (m)	zirdast	زیردست
colega (m)	hamkār	همکار

conhecido (m)	āšnā	آشنا
companheiro (m) de viagem	hamsafar	همسفر
colega (m) de classe	ham kelās	هم کلاس

vizinho (m)	hamsāye	همسایه
vizinha (f)	hamsāye	همسایه
vizinhos (pl)	hamsāye-hā	همسایه ها

CORPO HUMANO. MEDICINA

61. Cabeça

cabeça (f)	sar	سر
cara (f)	surat	صورت
nariz (m)	bini	بینی
boca (f)	dahān	دهان
olho (m)	češm	چشم
olhos (m pl)	češm-hā	چشم ها
pupila (f)	mardomak	مردمک
sobrancelha (f)	abru	ابرو
pestana (f)	može	مژه
pálpebra (f)	pelek	پلک
língua (f)	zabān	زبان
dente (m)	dandān	دندان
lábios (m pl)	lab-hā	لب ها
maçãs (f pl) do rosto	ostexānhā-ye gune	استخوان های گونه
gengiva (f)	lase	لثه
palato (m)	saqf-e dahān	سقف دهان
narinas (f pl)	surāxhā-ye bini	سوراخ های بینی
queixo (m)	čāne	چانه
mandíbula (f)	fak	فک
bochecha (f)	gune	گونه
testa (f)	pišāni	پیشانی
têmpora (f)	gijgāh	گیجگاه
orelha (f)	guš	گوش
nuca (f)	pas gardan	پس گردن
pescoço (m)	gardan	گردن
garganta (f)	galu	گلو
cabelos (m pl)	mu-hā	مو ها
penteado (m)	model-e mu	مدل مو
corte (m) de cabelo	model-e mu	مدل مو
peruca (f)	kolāh-e gis	کلاه گیس
bigode (m)	sebil	سبیل
barba (f)	riš	ریش
usar, ter (~ barba, etc.)	gozāštan	گذاشتن
trança (f)	muy-ye bāfte	موی بافته
suíças (f pl)	xatt-e riš	خط ریش
ruivo	muqermez	موقرمز
grisalho	sefid-e mu	سفید مو
calvo	tās	طاس
calva (f)	tāsi	طاسی

| rabo-de-cavalo (m) | dom-e asbi | دم اسبی |
| franja (f) | čatri | چتری |

62. Corpo humano

| mão (f) | dast | دست |
| braço (m) | bāzu | بازو |

dedo (m)	angošt	انگشت
dedo (m) do pé	šast-e pā	شصت پا
polegar (m)	šost	شست
dedo (m) mindinho	angošt-e kučak	انگشت کوچک
unha (f)	nāxon	ناخن

punho (m)	mošt	مشت
palma (f) da mão	kaf-e dast	کف دست
pulso (m)	moč-e dast	مچ دست
antebraço (m)	sā'ed	ساعد
cotovelo (m)	āranj	آرنج
ombro (m)	ketf	کتف

perna (f)	pā	پا
pé (m)	pā	پا
joelho (m)	zānu	زانو
barriga (f) da perna	sāq	ساق
anca (f)	rān	ران
calcanhar (m)	pāšne-ye pā	پاشنهٔ پا

corpo (m)	badan	بدن
barriga (f)	šekam	شکم
peito (m)	sine	سینه
seio (m)	sine	سینه
lado (m)	pahlu	پهلو
costas (f pl)	pošt	پشت
região (f) lombar	kamar	کمر
cintura (f)	dur-e kamar	دور کمر

umbigo (m)	nāf	ناف
nádegas (f pl)	nešiman-e gāh	نشیمن گاه
traseiro (m)	bāsan	باسن

sinal (m)	xāl	خال
sinal (m) de nascença	xāl-e mādarzād	خال مادرزاد
tatuagem (f)	xāl kubi	خال کوبی
cicatriz (f)	jā-ye zaxm	جای زخم

63. Doenças

doença (f)	bimāri	بیماری
estar doente	bimār budan	بیمار بودن
saúde (f)	salāmati	سلامتی
nariz (m) a escorrer	āb-e rizeš-e bini	آب ریزش بینی

amigdalite (f)	varam-e lowze	ورم لوزه
constipação (f)	sarmā xordegi	سرما خوردگی
constipar-se (vr)	sarmā xordan	سرما خوردن

bronquite (f)	boronšit	برنشیت
pneumonia (f)	zātorrie	ذات الریه
gripe (f)	ānfolānzā	آنفولانزا

míope	nazdik bin	نزدیک بین
presbita	durbin	دوربین
estrabismo (m)	enherāf-e čašm	انحراف چشم
estrábico	luč	لوچ
catarata (f)	āb morvārid	آب مروارید
glaucoma (m)	ab-e siyāh	آب سیاه

AVC (m), apoplexia (f)	sekte-ye maqzi	سکته مغزی
ataque (m) cardíaco	sekte-ye qalbi	سکته قلبی
enfarte (m) do miocárdio	ānfārktus	آنفارکتوس
paralisia (f)	falaji	فلجی
paralisar (vt)	falj kardan	فلج کردن

alergia (f)	ālerži	آلرژی
asma (f)	āsm	آسم
diabetes (f)	diyābet	دیابت

| dor (f) de dentes | dandān-e dard | دندان درد |
| cárie (f) | pusidegi | پوسیدگی |

diarreia (f)	eshāl	اسهال
prisão (f) de ventre	yobusat	یبوست
desarranjo (m) intestinal	nārāhati-ye me'de	ناراحتی معده
intoxicação (f) alimentar	masmumiyat	مسمومیت
intoxicar-se	masmum šodan	مسموم شدن

artrite (f)	varam-e mafāsel	ورم مفاصل
raquitismo (m)	rāšitism	راشیتیسم
reumatismo (m)	romātism	روماتیسم
arteriosclerose (f)	tasallob-e šarāin	تصلب شرائین

gastrite (f)	varam-e me'de	ورم معده
apendicite (f)	āpāndisit	آپاندیسیت
colecistite (f)	eltehāb-e kise-ye safrā	التهاب کیسه صفرا
úlcera (f)	zaxm	زخم

sarampo (m)	sorxak	سرخک
rubéola (f)	sorxje	سرخجه
iterícia (f)	yaraqān	یرقان
hepatite (f)	hepātit	هپاتیت

esquizofrenia (f)	šizoferni	شیزوفرنی
raiva (f)	hāri	هاری
neurose (f)	extelāl-e a'sāb	اختلال اعصاب
comoção (f) cerebral	zarbe-ye maqzi	ضربه مغزی

| cancro (m) | saratān | سرطان |
| esclerose (f) | eskeleroz | اسکلروز |

esclerose (f) múltipla	eskeleroz čandgāne	اسکلروز چندگانه
alcoolismo (m)	alkolism	الکلیسم
alcoólico (m)	alkoli	الکلی
sífilis (f)	siflis	سیفلیس
SIDA (f)	eydz	ایدز

tumor (m)	tumor	تومور
maligno	bad xim	بد خیم
benigno	xoš xim	خوش خیم

febre (f)	tab	تب
malária (f)	mālāriyā	مالاریا
gangrena (f)	qānqāriyā	قانقاریا
enjoo (m)	daryā-zadegi	دریازدگی
epilepsia (f)	sarʿ	صرع

epidemia (f)	epidemi	اپیدمی
tifo (m)	hasbe	حصبه
tuberculose (f)	sel	سل
cólera (f)	vabā	وبا
peste (f)	tāʿun	طاعون

64. Sintomas. Tratamentos. Parte 1

sintoma (m)	alāem-e bimāri	علائم بیماری
temperatura (f)	damā	دما
febre (f)	tab	تب
pulso (m)	nabz	نبض

vertigem (f)	sargije	سرگیجه
quente (testa, etc.)	dāq	داغ
calafrio (m)	raʿše	رعشه
pálido	rang paride	رنگ پریده

tosse (f)	sorfe	سرفه
tossir (vi)	sorfe kardan	سرفه کردن
espirrar (vi)	atse kardan	عطسه کردن
desmaio (m)	qaš	غش
desmaiar (vi)	qaš kardan	غش کردن

nódoa (f) negra	kabudi	کبودی
galo (m)	barāmadegi	برآمدگی
magoar-se (vr)	barxord kardan	برخورد کردن
pisadura (f)	kuftegi	کوفتگی
aleijar-se (vr)	zarb didan	ضرب دیدن

coxear (vi)	langidan	لنگیدن
deslocação (f)	dar raftegi	دررفتگی
deslocar (vt)	dar raftan	دررفتن
fratura (f)	šekastegi	شکستگی
fraturar (vt)	dočār-e šekastegi šodan	دچار شکستگی شدن

| corte (m) | boridegi | بریدگی |
| cortar-se (vr) | boridan | بریدن |

hemorragia (f)	xunrizi	خونريزى
queimadura (f)	suxtegi	سوختگى
queimar-se (vr)	dočãr-e suxtegi šodan	دچار سوختگى شدن

picar (vt)	surãx kardan	سوراخ كردن
picar-se (vr)	surãx kardan	سوراخ كردن
lesionar (vt)	ãsib resãndan	آسيب رساندن
lesão (m)	zaxm	زخم
ferida (f), ferimento (m)	zaxm	زخم
trauma (m)	zarbe	ضربه

delirar (vi)	hazyãn goftan	هذيان گفتن
gaguejar (vi)	loknat dãštan	لكنت داشتن
insolação (f)	ãftãb-zadegi	آفتابزدگى

65. Sintomas. Tratamentos. Parte 2

| dor (f) | dard | درد |
| farpa (no dedo) | xãr | خار |

suor (m)	araq	عرق
suar (vi)	araq kardan	عرق كردن
vómito (m)	estefrãq	استفراغ
convulsões (f pl)	tašannoj	تشنج

grávida	bãrdãr	باردار
nascer (vi)	motevalled šodan	متولد شدن
parto (m)	vaz'-e haml	وضع حمل
dar à luz	be donyã ãvardan	به دنيا آوردن
aborto (m)	seqt-e janin	سقط جنين

respiração (f)	tanaffos	تنفس
inspiração (f)	estenšãq	استنشاق
expiração (f)	bãzdam	بازدم
expirar (vi)	bãzdamidan	بازدميدن
inspirar (vi)	nafas kešidan	نفس كشيدن

inválido (m)	ma'lul	معلول
aleijado (m)	falaj	فلج
toxicodependente (m)	mo'tãd	معتاد

surdo	kar	كر
mudo	lãl	لال
surdo-mudo	kar-o lãl	كر و لال

louco (adj.)	divãne	ديوانه
louco (m)	divãne	ديوانه
louca (f)	divãne	ديوانه
ficar louco	divãne šodan	ديوانه شدن

gene (m)	žen	ژن
imunidade (f)	masuniyat	مصونيت
hereditário	mowrusi	موروثى
congénito	mãdarzãd	مادرزاد

vírus (m)	virus	ویروس
micróbio (m)	mikrob	میکروب
bactéria (f)	bākteri	باکتری
infeção (f)	ofunat	عفونت

66. Sintomas. Tratamentos. Parte 3

| hospital (m) | bimārestān | بیمارستان |
| paciente (m) | bimār | بیمار |

diagnóstico (m)	tašxis	تشخیص
cura (f)	mo'āleje	معالجه
tratamento (m) médico	darmān	درمان
curar-se (vr)	darmān šodan	درمان شدن
tratar (vt)	mo'āleje kardan	معالجه کردن
cuidar (pessoa)	parastāri kardan	پرستاری کردن
cuidados (m pl)	parastāri	پرستاری

operação (f)	amal-e jarrāhi	عمل جراحی
enfaixar (vt)	pānsemān kardan	پانسمان کردن
enfaixamento (m)	pānsemān	پانسمان

vacinação (f)	vāksināsyon	واکسیناسیون
vacinar (vt)	vāksine kardan	واکسینه کردن
injeção (f)	tazriq	تزریق
dar uma injeção	tazriq kardan	تزریق کردن

ataque (~ de asma, etc.)	hamle	حمله
amputação (f)	qat'-e ozv	قطع عضو
amputar (vt)	qat' kardan	قطع کردن
coma (f)	komā	کما
estar em coma	dar komā budan	در کما بودن
reanimação (f)	morāqebat-e viže	مراقبت ویژه

recuperar-se (vr)	behbud yāftan	بهبود یافتن
estado (~ de saúde)	hālat	حالت
consciência (f)	huš	هوش
memória (f)	hāfeze	حافظه

tirar (vt)	dandān kešidan	دندان کشیدن
chumbo (m), obturação (f)	por kardan	پر کردن
chumbar, obturar (vt)	por kardan	پر کردن

| hipnose (f) | hipnotizm | هیپنوتیزم |
| hipnotizar (vt) | hipnotizm kardan | هیپنوتیزم کردن |

67. Medicina. Drogas. Acessórios

medicamento (m)	dāru	دارو
remédio (m)	darmān	درمان
receitar (vt)	tajviz kardan	تجویز کردن
receita (f)	nosxe	نسخه

comprimido (m)	qors	قرص
pomada (f)	pomād	پماد
ampola (f)	āmpul	آمپول
preparado (m)	šarbat	شربت
xarope (m)	šarbat	شربت
cápsula (f)	kapsul	کپسول
remédio (m) em pó	pudr	پودر
ligadura (f)	bānd	باند
algodão (m)	panbe	پنبه
iodo (m)	yod	ید
penso (m) rápido	časb-e zaxm	چسب زخم
conta-gotas (m)	qatre čekān	قطره چکان
termómetro (m)	damāsanj	دماسنج
seringa (f)	sorang	سرنگ
cadeira (f) de rodas	vilčer	ویلچر
muletas (f pl)	čub zir baqal	چوب زیر بغل
analgésico (m)	mosaken	مسکن
laxante (m)	moshel	مسهل
álcool (m) etílico	alkol	الکل
ervas (f pl) medicinais	giyāhān-e dāruyi	گیاهان دارویی
de ervas (chá ~)	giyāhi	گیاهی

APARTAMENTO

68. Apartamento

apartamento (m)	āpārtemān	آپارتمان
quarto (m)	otāq	اتاق
quarto (m) de dormir	otāq-e xāb	اتاق خواب
sala (f) de jantar	otāq-e qazāxori	اتاق غذاخوری
sala (f) de estar	mehmānxāne	مهمانخانه
escritório (m)	daftar	دفتر
antessala (f)	tālār-e vorudi	تالار ورودی
quarto (m) de banho	hammām	حمام
toilette (lavabo)	tuālet	توالت
teto (m)	saqf	سقف
chão, soalho (m)	kaf	کف
canto (m)	guše	گوشه

69. Mobiliário. Interior

mobiliário (m)	mobl	مبل
mesa (f)	miz	میز
cadeira (f)	sandali	صندلی
cama (f)	taxt-e xāb	تخت خواب
divã (m)	kānāpe	کاناپه
cadeirão (m)	mobl-e rāhati	مبل راحتی
estante (f)	qafase-ye ketāb	قفسه کتاب
prateleira (f)	qafase	قفسه
guarda-vestidos (m)	komod	کمد
cabide (m) de parede	raxt āviz	رخت آویز
cabide (m) de pé	čub lebāsi	چوب لباسی
cómoda (f)	komod	کمد
mesinha (f) de centro	miz-e pišdasti	میز پیشدستی
espelho (m)	āyene	آینه
tapete (m)	farš	فرش
tapete (m) pequeno	qāliče	قالیچه
lareira (f)	šumine	شومینه
vela (f)	šam'	شمع
castiçal (m)	šam'dān	شمعدان
cortinas (f pl)	parde	پرده
papel (m) de parede	kāqaz-e divāri	کاغذ دیواری

estores (f pl)	kerkere	کرکره
candeeiro (m) de mesa	čerāq-e rumizi	چراغ رومیزی
candeeiro (m) de parede	čerāq-e divāri	چراغ دیواری
candeeiro (m) de pé	ābāžur	آباژور
lustre (m)	luster	لوستر
pé (de mesa, etc.)	pāye	پایه
braço (m)	daste-ye sandali	دستۀ صندلی
costas (f pl)	pošti	پشتی
gaveta (f)	kešow	کشو

70. Quarto de dormir

roupa (f) de cama	raxt-e xāb	رخت خواب
almofada (f)	bālešt	بالشت
fronha (f)	rubalešt	روبالشت
cobertor (m)	patu	پتو
lençol (m)	malāfe	ملافه
colcha (f)	rutaxti	روتختی

71. Cozinha

cozinha (f)	āšpazxāne	آشپزخانه
gás (m)	gāz	گاز
fogão (m) a gás	ojāgh-e gāz	اجاق گاز
fogão (m) elétrico	ojāgh-e barghi	اجاق برقی
forno (m)	fer	فر
forno (m) de micro-ondas	māykrofer	مایکروفر
frigorífico (m)	yaxčāl	یخچال
congelador (m)	fereyzer	فریزر
máquina (f) de lavar louça	māšin-e zarfšuyi	ماشین ظرفشویی
moedor (m) de carne	čarx-e gušt	چرخ گوشت
espremedor (m)	ābmive giri	آبمیوه گیری
torradeira (f)	towster	توستر
batedeira (f)	maxlut kon	مخلوط کن
máquina (f) de café	qahve sāz	قهوه ساز
cafeteira (f)	qahve juš	قهوه جوش
moinho (m) de café	āsiyāb-e qahve	آسیاب قهوه
chaleira (f)	ketri	کتری
bule (m)	quri	قوری
tampa (f)	sarpuš	سرپوش
coador (m) de chá	čāy sāf kon	چای صاف کن
colher (f)	qāšoq	قاشق
colher (f) de chá	qāšoq čāy xori	قاشق چای خوری
colher (f) de sopa	qāšoq sup xori	قاشق سوپ خوری
garfo (m)	čangāl	چنگال
faca (f)	kārd	کارد

louça (f)	zoruf	ظروف
prato (m)	bošqāb	بشقاب
pires (m)	na'lbeki	نعلبکی

cálice (m)	gilās-e vodkā	گیلاس ودکا
copo (m)	estekān	استکان
chávena (f)	fenjān	فنجان

açucareiro (m)	qandān	قندان
saleiro (m)	namakdān	نمکدان
pimenteiro (m)	felfeldān	فلفلدان
manteigueira (f)	zarf-e kare	ظرف کره

panela, caçarola (f)	qāblame	قابلمه
frigideira (f)	tābe	تابه
concha (f)	malāqe	ملاقه
passador (m)	ābkeš	آبکش
bandeja (f)	sini	سینی

garrafa (f)	botri	بطری
boião (m) de vidro	šiše	شیشه
lata (f)	quti	قوطی

abre-garrafas (m)	dar bāz kon	در بازکن
abre-latas (m)	dar bāz kon	در بازکن
saca-rolhas (m)	dar bāz kon	در بازکن
filtro (m)	filter	فیلتر
filtrar (vt)	filter kardan	فیلتر کردن

| lixo (m) | āšqāl | آشغال |
| balde (m) do lixo | satl-e zobāle | سطل زباله |

72. Casa de banho

quarto (m) de banho	hammām	حمام
água (f)	āb	آب
torneira (f)	šir	شیر
água (f) quente	āb-e dāq	آب داغ
água (f) fria	āb-e sard	آب سرد

pasta (f) de dentes	xamir-e dandān	خمیر دندان
escovar os dentes	mesvāk zadan	مسواک زدن
escova (f) de dentes	mesvāk	مسواک

barbear-se (vr)	riš tarāšidan	ریش تراشیدن
espuma (f) de barbear	xamir-e eslāh	خمیر اصلاح
máquina (f) de barbear	tiq	تیغ

lavar (vt)	šostan	شستن
lavar-se (vr)	hamām kardan	حمام کردن
duche (m)	duš	دوش
tomar um duche	duš gereftan	دوش گرفتن
banheira (f)	vān hammām	وان حمام
sanita (f)	tuālet-e farangi	توالت فرنگی

lavatório (m)	sink	سینک
sabonete (m)	sābun	صابون
saboneteira (f)	jā sābun	جا صابون

esponja (f)	abr	ابر
champô (m)	šāmpu	شامپو
toalha (f)	howle	حوله
roupão (m) de banho	howle-ye hamām	حوله حمام

lavagem (f)	raxčuyi	لباسشویی
máquina (f) de lavar	māšin-e lebas-šui	ماشین لباسشویی
lavar a roupa	šostan-e lebās	شستن لباس
detergente (m)	pudr-e lebas-šui	پودر لباسشویی

73. Eletrodomésticos

televisor (m)	televiziyon	تلویزیون
gravador (m)	zabt-e sowt	ضبط صوت
videogravador (m)	video	ویدئو
rádio (m)	rādiyo	رادیو
leitor (m)	paxš konande	پخش کننده

projetor (m)	video porožektor	ویدئو پروژکتور
cinema (m) em casa	sinamā-ye xānegi	سینمای خانگی
leitor (m) de DVD	paxš konande-ye di vi di	پخش کننده دی وی دی
amplificador (m)	āmpli-fāyer	آمپلی فایر
console (f) de jogos	konsul-e bāzi	کنسول بازی

câmara (f) de vídeo	durbin-e filmbardāri	دوربین فیلمبرداری
máquina (f) fotográfica	durbin-e akkāsi	دوربین عکاسی
câmara (f) digital	durbin-e dijitāl	دوربین دیجیتال

aspirador (m)	jāru barqi	جارو برقی
ferro (m) de engomar	oto	اتو
tábua (f) de engomar	miz-e otu	میز اتو

telefone (m)	telefon	تلفن
telemóvel (m)	telefon-e hamrāh	تلفن همراه
máquina (f) de escrever	māšin-e tahrir	ماشین تحریر
máquina (f) de costura	čarx-e xayyāti	چرخ خیاطی

microfone (m)	mikrofon	میکروفون
auscultadores (m pl)	guši	گوشی
controlo remoto (m)	kontorol az rāh-e dur	کنترل از راه دور

CD (m)	si-di	سیدی
cassete (f)	kāst	کاست
disco (m) de vinil	safhe-ye gerāmāfon	صفحه گرامافون

A TERRA. TEMPO

74. Espaço sideral

cosmos (m)	fazā	فضا
cósmico	fazāyi	فضایی
espaço (m) cósmico	fazā-ye keyhān	فضای کیهان
mundo (m)	jahān	جهان
universo (m)	giti	گیتی
galáxia (f)	kahkešān	کهکشان
estrela (f)	setāre	ستاره
constelação (f)	surat-e falaki	صورت فلکی
planeta (m)	sayyāre	سیاره
satélite (m)	māhvāre	ماهواره
meteorito (m)	sang-e āsmāni	سنگ آسمانی
cometa (m)	setāre-ye donbāle dār	ستارهٔ دنباله دار
asteroide (m)	šahāb	شهاب
órbita (f)	madār	مدار
girar (vi)	gardidan	گردیدن
atmosfera (f)	jav	جو
Sol (m)	āftāb	آفتاب
Sistema (m) Solar	manzume-ye šamsi	منظومه شمسی
eclipse (m) solar	kosuf	کسوف
Terra (f)	zamin	زمین
Lua (f)	māh	ماه
Marte (m)	merrix	مریخ
Vénus (f)	zahre	زهره
Júpiter (m)	moštari	مشتری
Saturno (m)	zohal	زحل
Mercúrio (m)	atārod	عطارد
Urano (m)	orānus	اورانوس
Neptuno (m)	nepton	نپتون
Plutão (m)	poloton	پلوتون
Via Láctea (f)	kahkešān rāh-e širi	کهکشان راه شیری
Ursa Maior (f)	dobb-e akbar	دب اکبر
Estrela Polar (f)	setāre-ye qotbi	ستاره قطبی
marciano (m)	merrixi	مریخی
extraterrestre (m)	farā zamini	فرا زمینی
alienígena (m)	mowjud fazāyi	موجود فضایی

75

disco (m) voador	bošqāb-e parande	بشقاب پرنده
nave (f) espacial	fazā peymā	فضا پیما
estação (f) orbital	istgāh-e fazāyi	ایستگاه فضایی
lançamento (m)	rāh andāzi	راه اندازی
motor (m)	motor	موتور
bocal (m)	nāzel	نازل
combustível (m)	suxt	سوخت
cabine (f)	kābin	کابین
antena (f)	ānten	آنتن
vigia (f)	panjere	پنجره
bateria (f) solar	bātri-ye xoršidi	باطری خورشیدی
traje (m) espacial	lebās-e fazānavardi	لباس فضانوردی
imponderabilidade (f)	bi vazni	بی وزنی
oxigénio (m)	oksižen	اکسیژن
acoplagem (f)	vasl	وصل
fazer uma acoplagem	vasl kardan	وصل کردن
observatório (m)	rasadxāne	رصدخانه
telescópio (m)	teleskop	تلسکوپ
observar (vt)	mošāhede kardan	مشاهده کردن
explorar (vt)	kašf kardan	کشف کردن

75. A Terra

Terra (f)	zamin	زمین
globo terrestre (Terra)	kare-ye zamin	کرۀ زمین
planeta (m)	sayyāre	سیاره
atmosfera (f)	jav	جو
geografia (f)	joqrāfiyā	جغرافیا
natureza (f)	tabi'at	طبیعت
globo (mapa esférico)	kare-ye joqrāfiyāyi	کرۀ جغرافیایی
mapa (m)	naqše	نقشه
atlas (m)	atlas	اطلس
Europa (f)	orupā	اروپا
Ásia (f)	āsiyā	آسیا
África (f)	āfriqā	آفریقا
Austrália (f)	ostorāliyā	استرالیا
América (f)	emrikā	امریکا
América (f) do Norte	emrikā-ye šomāli	امریکای شمالی
América (f) do Sul	emrikā-ye jonubi	امریکای جنوبی
Antártida (f)	qotb-e jonub	قطب جنوب
Ártico (m)	qotb-e šomāl	قطب شمال

76. Pontos cardeais

norte (m)	šomāl	شمال
para norte	be šomāl	به شمال
no norte	dar šomāl	در شمال
do norte	šomāli	شمالی
sul (m)	jonub	جنوب
para sul	be jonub	به جنوب
no sul	dar jonub	در جنوب
do sul	jonubi	جنوبی
oeste, ocidente (m)	qarb	غرب
para oeste	be qarb	به غرب
no oeste	dar qarb	در غرب
ocidental	qarbi	غربی
leste, oriente (m)	šarq	شرق
para leste	be šarq	به شرق
no leste	dar šarq	در شرق
oriental	šarqi	شرقی

77. Mar. Oceano

mar (m)	daryā	دریا
oceano (m)	oqyānus	اقیانوس
golfo (m)	xalij	خلیج
estreito (m)	tange	تنگه
terra (f) firme	zamin	زمین
continente (m)	qāre	قاره
ilha (f)	jazire	جزیره
península (f)	šeb-e jazire	شبه جزیره
arquipélago (m)	majma'-ol-jazāyer	مجمع‌الجزایر
baía (f)	xalij-e kučak	خلیج کوچک
porto (m)	langargāh	لنگرگاه
lagoa (f)	mordāb	مرداب
cabo (m)	damāqe	دماغه
atol (m)	jazire-ye marjāni	جزیره مرجانی
recife (m)	tappe-ye daryāyi	تپه دریایی
coral (m)	marjān	مرجان
recife (m) de coral	tappe-ye marjāni	تپه مرجانی
profundo	amiq	عمیق
profundidade (f)	omq	عمق
abismo (m)	partgāh	پرتگاه
fossa (f) oceânica	derāz godāl	درازگودال
corrente (f)	jaryān	جریان
banhar (vt)	ehāte kardan	احاطه کردن

| litoral (m) | sāhel | ساحل |
| costa (f) | sāhel | ساحل |

maré (f) alta	mod	مد
refluxo (m), maré (f) baixa	jazr	جزر
restinga (f)	sāhel-e šeni	ساحل شنی
fundo (m)	qa'r	قعر

onda (f)	mowj	موج
crista (f) da onda	nok	نوک
espuma (f)	kaf	کف

tempestade (f)	tufān-e daryāyi	طوفان دریایی
furacão (m)	tufān	طوفان
tsunami (m)	sonāmi	سونامی
calmaria (f)	sokun-e daryā	سکون دریا
calmo	ārām	آرام

| polo (m) | qotb | قطب |
| polar | qotbi | قطبی |

latitude (f)	arz-e joqrāfiyāyi	عرض جغرافیایی
longitude (f)	tul-e joqrāfiyāyi	طول جغرافیایی
paralela (f)	movāzi	موازی
equador (m)	xatt-e ostavā	خط استوا

céu (m)	āsemān	آسمان
horizonte (m)	ofoq	افق
ar (m)	havā	هوا

farol (m)	fānus-e daryāyi	فانوس دریایی
mergulhar (vi)	širje raftan	شیرجه رفتن
afundar-se (vr)	qarq šodan	غرق شدن
tesouros (m pl)	ganj	گنج

78. Nomes de Mares e Oceanos

Oceano (m) Atlântico	oqyānus-e atlas	اقیانوس اطلس
Oceano (m) Índico	oqyānus-e hend	اقیانوس هند
Oceano (m) Pacífico	oqyānus-e ārām	اقیانوس آرام
Oceano (m) Ártico	oqyānus-e monjamed-e šomāli	اقیانوس منجمد شمالی

Mar (m) Negro	daryā-ye siyāh	دریای سیاه
Mar (m) Vermelho	daryā-ye sorx	دریای سرخ
Mar (m) Amarelo	daryā-ye zard	دریای زرد
Mar (m) Branco	daryā-ye sefid	دریای سفید

Mar (m) Cáspio	daryā-ye xazar	دریای خزر
Mar (m) Morto	daryā-ye morde	دریای مرده
Mar (m) Mediterrâneo	daryā-ye meditarāne	دریای مدیترانه

| Mar (m) Egeu | daryā-ye eže | دریای اژه |
| Mar (m) Adriático | daryā-ye ādriyātik | دریای آدریاتیک |

Mar (m) Arábico	daryā-ye arab	دریای عرب
Mar (m) do Japão	daryā-ye žāpon	دریای ژاپن
Mar (m) de Bering	daryā-ye brinq	دریای برینگ
Mar (m) da China Meridional	daryā-ye čin-e jonubi	دریای چین جنوبی

Mar (m) de Coral	daryā-ye marjān	دریای مرجان
Mar (m) de Tasman	daryā-ye tās-emān	دریای تاسمان
Mar (m) do Caribe	daryā-ye kārāib	دریای کارائیب

Mar (m) de Barents	daryā-ye barntz	دریای بارنتز
Mar (m) de Kara	daryā-ye kārā	دریای کارا

Mar (m) do Norte	daryā-ye šomāl	دریای شمال
Mar (m) Báltico	daryā-ye bāltik	دریای بالتیک
Mar (m) da Noruega	daryā-ye norvež	دریای نروژ

79. Montanhas

montanha (f)	kuh	کوه
cordilheira (f)	rešte-ye kuh	رشته کوه
serra (f)	selsele-ye jebāl	سلسله جبال

cume (m)	qolle	قله
pico (m)	qolle	قله
sopé (m)	dāmane-ye kuh	دامنهٔ کوه
declive (m)	šib	شیب

vulcão (m)	ātaš-fešān	آتشفشان
vulcão (m) ativo	ātaš-fešān-e faʿāl	آتش فشان فعال
vulcão (m) extinto	ātaš-fešān-e xāmuš	آتش فشان خاموش

erupção (f)	favarān	فوران
cratera (f)	dahāne-ye ātašfešān	دهانهٔ آتش فشان
magma (m)	māgmā	ماگما
lava (f)	godāze	گدازه
fundido (lava ~a)	godāxte	گداخته

desfiladeiro (m)	tange	تنگه
garganta (f)	darre-ye tang	دره تنگ
fenda (f)	tange	تنگه
precipício (m)	partgāh	پرتگاه

passo, colo (m)	gozargāh	گذرگاه
planalto (m)	falāt	فلات
falésia (f)	saxre	صخره
colina (f)	tappe	تپه

glaciar (m)	yaxčāl	یخچال
queda (f) d'água	ābšār	آبشار
géiser (m)	češme-ye āb-e garm	چشمهٔ آب گرم
lago (m)	daryāče	دریاچه

planície (f)	jolge	جلگه
paisagem (f)	manzare	منظره

eco (m)	en'ekās-e sowt	انعکاس صوت
alpinista (m)	kuhnavard	کوهنورد
escalador (m)	saxre-ye navard	صخره نورد
conquistar (vt)	fath kardan	فتح کردن
subida, escalada (f)	so'ud	صعود

80. Nomes de montanhas

Alpes (m pl)	ālp	آلپ
monte Branco (m)	moan belān	مون بلان
Pirineus (m pl)	pirene	پیرنه

Cárpatos (m pl)	kuhhā-ye kārpāt	کوههای کارپات
montes (m pl) Urais	kuhe-i orāl	کوههای اورال
Cáucaso (m)	qafqāz	قفقاز
Elbrus (m)	alborz	البرز

Altai (m)	āltāy	آلتای
Tian Shan (m)	tiyān šān	تیان شان
Pamir (m)	pāmir	پامیر
Himalaias (m pl)	himāliyā-vo	هیمالیا
monte (m) Everest	everest	اورست

| Cordilheira (f) dos Andes | ānd | آند |
| Kilimanjaro (m) | kelimānjāro | کلیمانجارو |

81. Rios

rio (m)	rudxāne	رودخانه
fonte, nascente (f)	češme	چشمه
leito (m) do rio	bastar	بستر
bacia (f)	howze	حوضه
desaguar no ...	rixtan	ریختن

| afluente (m) | enše'āb | انشعاب |
| margem (do rio) | sāhel | ساحل |

corrente (f)	jaryān	جریان
rio abaixo	be samt-e pāin-e rudxāne	به سمت پائین رودخانه
rio acima	be samt-e bālā-ye rudxāne	به سمت بالای رودخانه

inundação (f)	seyl	سیل
cheia (f)	toqyān	طغیان
transbordar (vi)	toqyān kardan	طغیان کردن
inundar (vt)	toqyān kardan	طغیان کردن

| banco (m) de areia | tangāb | تنگاب |
| rápidos (m pl) | tondāb | تندآب |

barragem (f)	sad	سد
canal (m)	kānāl	کانال
reservatório (m) de água	maxzan-e āb	مخزن آب

eclusa (f)	ābgir	آبگیر
corpo (m) de água	maxzan-e āb	مخزن آب
pântano (m)	bātlāq	باتلاق
tremedal (m)	lajan zār	لجن زار
remoinho (m)	gerdāb	گرداب

arroio, regato (m)	ravad	رود
potável	āšāmidani	آشامیدنی
doce (água)	širin	شیرین

| gelo (m) | yax | یخ |
| congelar-se (vr) | yax bastan | یخ بستن |

82. Nomes de rios

| rio Sena (m) | sen | سن |
| rio Loire (m) | lavār | لوآر |

rio Tamisa (m)	timz	تیمز
rio Reno (m)	rāyn	راین
rio Danúbio (m)	dānub	دانوب

rio Volga (m)	volgā	ولگا
rio Don (m)	don	دن
rio Lena (m)	lenā	لنا

rio Amarelo (m)	rud-e zard	رود زرد
rio Yangtzé (m)	yāng tese	یانگ تسه
rio Mekong (m)	mekung	مکونگ
rio Ganges (m)	gong	گنگ

rio Nilo (m)	neyl	نیل
rio Congo (m)	kongo	کنگو
rio Cubango (m)	okavango	اوکاوانگو
rio Zambeze (m)	zāmbezi	زامبزی
rio Limpopo (m)	rud-e limpupu	رود لیمپوپو
rio Mississípi (m)	mi si si pi	می سی سی پی

83. Floresta

| floresta (f), bosque (m) | jangal | جنگل |
| florestal | jangali | جنگلی |

mata (f) cerrada	jangal-e anbuh	جنگل انبوه
arvoredo (m)	biše	بیشه
clareira (f)	marqzār	مرغزار

| matagal (m) | biše-hā | بیشه ها |
| mato (m) | bute zār | بوته زار |

| vereda (f) | kure-ye rāh | کوره راه |
| ravina (f) | darre | دره |

árvore (f)	deraxt	درخت
folha (f)	barg	برگ
folhagem (f)	šāx-o barg	شاخ و برگ

queda (f) das folhas	barg rizi	برگ ریزی
cair (vi)	rixtan	ریختن
topo (m)	nok	نوک

ramo (m)	šāxe	شاخه
galho (m)	šāxe	شاخه
botão, rebento (m)	šokufe	شکوفه
agulha (f)	suzan	سوزن
pinha (f)	maxrut-e kāj	مخروط کاج

buraco (m) de árvore	surāx	سوراخ
ninho (m)	lāne	لانه
toca (f)	lāne	لانه

tronco (m)	tane	تنه
raiz (f)	riše	ریشه
casca (f) de árvore	pust	پوست
musgo (m)	xaze	خزه

arrancar pela raiz	rišekan kardan	ریشه کن کردن
cortar (vt)	boridan	بریدن
desflorestar (vt)	boridan	بریدن
toco, cepo (m)	kande-ye deraxt	کندۀ درخت

fogueira (f)	ātaš	آتش
incêndio (m) florestal	ātaš suzi	آتش سوزی
apagar (vt)	xāmuš kardan	خاموش کردن

guarda-florestal (m)	jangal bān	جنگل بان
proteção (f)	mohāfezat	محافظت
proteger (a natureza)	mohāfezat kardan	محافظت کردن
caçador (m) furtivo	šekārči-ye qeyr-e qānuni	شکارچی غیر قانونی
armadilha (f)	tale	تله

| colher (cogumelos, bagas) | čidan | چیدن |
| perder-se (vr) | gom šodan | گم شدن |

84. Recursos naturais

recursos (m pl) naturais	manābe-'e tabii	منابع طبیعی
minerais (m pl)	mavādd-e ma'dani	مواد معدنی
depósitos (m pl)	tah nešast	ته نشست
jazida (f)	meydān	میدان

extrair (vt)	estexrāj kardan	استخراج کردن
extração (f)	estexrāj	استخراج
minério (m)	sang-e ma'dani	سنگ معدنی
mina (f)	ma'dan	معدن
poço (m) de mina	ma'dan	معدن
mineiro (m)	ma'dinči	معدنچی

gás (m)	gāz	گاز
gasoduto (m)	lule-ye gāz	لولۀ گاز
petróleo (m)	naft	نفت
oleoduto (m)	lule-ye naft	لولۀ نفت
poço (m) de petróleo	čāh-e naft	چاه نفت
torre (f) petrolífera	dakal-e haffāri	دکل حفاری
petroleiro (m)	tānker	تانکر
areia (f)	šen	شن
calcário (m)	sang-e āhak	سنگ آهک
cascalho (m)	sangrize	سنگریزه
turfa (f)	turb	تورب
argila (f)	xāk-e ros	خاک رس
carvão (m)	zoqāl sang	زغال سنگ
ferro (m)	āhan	آهن
ouro (m)	talā	طلا
prata (f)	noqre	نقره
níquel (m)	nikel	نیکل
cobre (m)	mes	مس
zinco (m)	ruy	روی
manganês (m)	mangenez	منگنز
mercúrio (m)	jive	جیوه
chumbo (m)	sorb	سرب
mineral (m)	mādde-ye ma'dani	مادۀ معدنی
cristal (m)	bolur	بلور
mármore (m)	marmar	مرمر
urânio (m)	orāniyom	اورانیوم

85. Tempo

tempo (m)	havā	هوا
previsão (f) do tempo	piš bini havā	پیش بینی هوا
temperatura (f)	damā	دما
termómetro (m)	damāsanj	دماسنج
barómetro (m)	havāsanj	هواسنج
húmido	martub	مرطوب
humidade (f)	rotubat	رطوبت
calor (m)	garmā	گرما
cálido	dāq	داغ
está muito calor	havā xeyli garm ast	هوا خیلی گرم است
está calor	havā garm ast	هوا گرم است
quente	garm	گرم
está frio	sard ast	سرد است
frio	sard	سرد
sol (m)	āftāb	آفتاب
brilhar (vi)	tābidan	تابیدن

de sol, ensolarado	āftābi	آفتابی
nascer (vi)	tolu' kardan	طلوع کردن
pôr-se (vr)	qorob kardan	غروب کردن
nuvem (f)	abr	ابر
nublado	abri	ابری
nuvem (f) preta	abr-e bārānzā	ابر باران زا
escuro, cinzento	tire	تیره
chuva (f)	bārān	باران
está a chover	bārān mibārad	باران می بارد
chuvoso	bārāni	بارانی
chuviscar (vi)	nam-nam bāridan	نم نم باریدن
chuva (f) torrencial	bārān šodid	باران شدید
chuvada (f)	ragbār	رگبار
forte (chuva)	šadid	شدید
poça (f)	čāle	چاله
molhar-se (vr)	xis šodan	خیس شدن
nevoeiro (m)	meh	مه
de nevoeiro	meh ālud	مه آلود
neve (f)	barf	برف
está a nevar	barf mibārad	برف می بارد

86. Tempo extremo. Catástrofes naturais

trovoada (f)	tufān	طوفان
relâmpago (m)	barq	برق
relampejar (vi)	barq zadan	برق زدن
trovão (m)	ra'd	رعد
trovejar (vi)	qorridan	غریدن
está a trovejar	ra'd mizanad	رعد می زند
granizo (m)	tagarg	تگرگ
está a cair granizo	tagarg mibārad	تگرگ می بارد
inundar (vt)	toqyān kardan	طغیان کردن
inundação (f)	seyl	سیل
terremoto (m)	zamin-larze	زمین لرزه
abalo, tremor (m)	tekān	تکان
epicentro (m)	kānun-e zaminlarze	کانون زمین لرزه
erupção (f)	favarān	فوران
lava (f)	godāze	گدازه
turbilhão, tornado (m)	gerdbād	گردباد
tufão (m)	tufān	طوفان
furacão (m)	tufān	طوفان
tempestade (f)	tufān	طوفان
tsunami (m)	sonāmi	سونامی

ciclone (m)	gerdbād	گردباد
mau tempo (m)	havā-ye bad	هوای بد
incêndio (m)	ātaš suzi	آتش سوزی
catástrofe (f)	balā-ye tabi'i	بلای طبیعی
meteorito (m)	sang-e āsmāni	سنگ آسمانی
avalanche (f)	bahman	بهمن
deslizamento (m) de neve	bahman	بهمن
nevasca (f)	kulāk	کولاک
tempestade (f) de neve	barf-o burān	برف و بوران

FAUNA

87. Mamíferos. Predadores

predador (m)	heyvān-e darande	حیوان درنده
tigre (m)	bebar	ببر
leão (m)	šir	شیر
lobo (m)	gorg	گرگ
raposa (f)	rubāh	روباه
jaguar (m)	jagvār	جگوار
leopardo (m)	palang	پلنگ
chita (f)	yuzpalang	یوزپلنگ
pantera (f)	palang-e siyāh	پلنگ سیاه
puma (m)	yuzpalang	یوزپلنگ
leopardo-das-neves (m)	palang-e barfi	پلنگ برفی
lince (m)	siyāh guš	سیاه گوش
coiote (m)	gorg-e sahrāyi	گرگ صحرایی
chacal (m)	šoqāl	شغال
hiena (f)	kaftār	کفتار

88. Animais selvagens

animal (m)	heyvān	حیوان
besta (f)	heyvān	حیوان
esquilo (m)	sanjāb	سنجاب
ouriço (m)	xārpošt	خارپشت
lebre (f)	xarguš	خرگوش
coelho (m)	xarguš	خرگوش
texugo (m)	gurkan	گورکن
guaxinim (m)	rākon	راکون
hamster (m)	muš-e bozorg	موش بزرگ
marmota (f)	muš-e xormā-ye kuhi	موش خرمای کوهی
toupeira (f)	muš-e kur	موش کور
rato (m)	muš	موش
ratazana (f)	muš-e sahrāyi	موش صحرایی
morcego (m)	xoffāš	خفاش
arminho (m)	qāqom	قاقم
zibelina (f)	samur	سمور
marta (f)	samur	سمور
doninha (f)	rāsu	راسو
vison (m)	tire-ye rāsu	تیره راسو

castor (m)	sag-e ābi	سگ آبی
lontra (f)	samur ābi	سمور آبی
cavalo (m)	asb	اسب
alce (m)	gavazn	گوزن
veado (m)	āhu	آهو
camelo (m)	šotor	شتر
bisão (m)	gāvmiš	گاومیش
auroque (m)	gāv miš	گاو میش
búfalo (m)	bufālo	بوفالو
zebra (f)	gurexar	گورخر
antílope (m)	boz-e kuhi	بز کوهی
corça (f)	šukā	شوکا
gamo (m)	qazāl	غزال
camurça (f)	boz-e kuhi	بز کوهی
javali (m)	gorāz	گراز
baleia (f)	nahang	نهنگ
foca (f)	fak	فک
morsa (f)	širmāhi	شیرماهی
urso-marinho (m)	gorbe-ye ābi	گربۀ آبی
golfinho (m)	delfin	دلفین
urso (m)	xers	خرس
urso (m) branco	xers-e sefid	خرس سفید
panda (m)	pāndā	پاندا
macaco (em geral)	meymun	میمون
chimpanzé (m)	šampānze	شمپانزه
orangotango (m)	orāngutān	اورانگوتان
gorila (m)	guril	گوریل
macaco (m)	mākāk	ماکاک
gibão (m)	gibon	گیبون
elefante (m)	fil	فیل
rinoceronte (m)	kargadan	کرگدن
girafa (f)	zarrāfe	زرافه
hipopótamo (m)	asb-e ābi	اسب آبی
canguru (m)	kāngoro	کانگورو
coala (m)	kovālā	کوالا
mangusto (m)	xadang	خدنگ
chinchila (m)	čin čila	چین چیلا
doninha-fedorenta (f)	rāsu-ye badbu	راسوی بدبو
porco-espinho (m)	taši	تشی

89. Animais domésticos

gata (f)	gorbe	گربه
gato (m) macho	gorbe-ye nar	گربۀ نر
cão (m)	sag	سگ

cavalo (m)	asb	اسب
garanhão (m)	asb-e nar	اسب نر
égua (f)	mādiyān	مادیان

vaca (f)	gāv	گاو
touro (m)	gāv-e nar	گاو نر
boi (m)	gāv-e axte	گاو اخته

ovelha (f)	gusfand	گوسفند
carneiro (m)	gusfand-e nar	گوسفند نر
cabra (f)	boz-e mādde	بز ماده
bode (m)	boz-e nar	بز نر

burro (m)	xar	خر
mula (f)	qāter	قاطر

porco (m)	xuk	خوک
leitão (m)	bače-ye xuk	بچهٔ خوک
coelho (m)	xarguš	خرگوش

galinha (f)	morq	مرغ
galo (m)	xorus	خروس

pata (f)	ordak	اردک
pato (macho)	ordak-e nar	اردک نر
ganso (m)	qāz	غاز

peru (m)	buqalamun-e nar	بوقلمون نر
perua (f)	buqalamun-e māde	بوقلمون ماده

animais (m pl) domésticos	heyvānāt-e ahli	حیوانات اهلی
domesticado	ahli	اهلی
domesticar (vt)	rām kardan	رام کردن
criar (vt)	parvareš dādan	پرورش دادن

quinta (f)	mazrae	مزرعه
aves (f pl) domésticas	morq-e xānegi	مرغ خانگی
gado (m)	dām	دام
rebanho (m), manada (f)	galle	گله

estábulo (m)	establ	اصطبل
pocilga (f)	āqol xuk	آغل خوک
estábulo (m)	āqol gāv	آغل گاو
coelheira (f)	lanye xarguš	لانه خرگوش
galinheiro (m)	morq dāni	مرغ دانی

90. Pássaros

pássaro (m), ave (f)	parande	پرنده
pombo (m)	kabutar	کبوتر
pardal (m)	gonješk	گنجشک
chapim-real (m)	morq-e zanburxār	مرغ زنبورخوار
pega-rabuda (f)	zāqi	زاغی
corvo (m)	kalāq-e siyāh	کلاغ سیاه

gralha (f) cinzenta	kalāq	کلاغ
gralha-de-nuca-cinzenta (f)	zāq	زاغ
gralha-calva (f)	kalāq-e siyāh	کلاغ سیاه
pato (m)	ordak	اردک
ganso (m)	qāz	غاز
faisão (m)	qarqāvol	قرقاول
águia (f)	oqāb	عقاب
açor (m)	qerqi	قرقی
falcão (m)	šāhin	شاهین
abutre (m)	karkas	کرکس
condor (m)	karkas-e emrikāyi	کرکس امریکایی
cisne (m)	qu	قو
grou (m)	dornā	درنا
cegonha (f)	lak lak	لک لک
papagaio (m)	tuti	طوطی
beija-flor (m)	morq-e magas-e xār	مرغ مگس خوار
pavão (m)	tāvus	طاووس
avestruz (m)	šotormorq	شترمرغ
garça (f)	havāsil	حواصیل
flamingo (m)	felāmingo	فلامینگو
pelicano (m)	pelikān	پلیکان
rouxinol (m)	bolbol	بلبل
andorinha (f)	parastu	پرستو
tordo-zornal (m)	bāstarak	باسترک
tordo-músico (m)	torqe	طرقه
melro-preto (m)	tukā-ye siyāh	توکای سیاه
andorinhão (m)	bādxorak	بادخورک
cotovia (f)	čakāvak	چکاوک
codorna (f)	belderčin	بلدرچین
pica-pau (m)	dārkub	دارکوب
cuco (m)	fāxte	فاخته
coruja (f)	joqd	جغد
corujão, bufo (m)	šāh buf	شاه بوف
tetraz-grande (m)	siāh xorus	سیاه خروس
tetraz-lira (m)	siāh xorus-e jangali	سیاه خروس جنگلی
perdiz-cinzenta (f)	kabk	کبک
estorninho (m)	sār	سار
canário (m)	qanāri	قناری
galinha-do-mato (f)	siyāh xorus-e fandoqi	سیاه خروس فندقی
tentilhão (m)	sehre-ye jangali	سهره جنگلی
dom-fafe (m)	sohre sar-e siyāh	سهره سر سیاه
gaivota (f)	morq-e daryāyi	مرغ دریایی
albatroz (m)	morq-e daryāyi	مرغ دریایی
pinguim (m)	pangoan	پنگوئن

91. Peixes. Animais marinhos

brema (f)	māhi-ye sim	ماهی سیم
carpa (f)	kapur	کپور
perca (f)	māhi-e luti	ماهی لوتی
siluro (m)	gorbe-ye māhi	گربه ماهی
lúcio (m)	ordak māhi	اردک ماهی
salmão (m)	māhi-ye salemon	ماهی سالمون
esturjão (m)	māhi-ye xāviār	ماهی خاویار
arenque (m)	māhi-ye šur	ماهی شور
salmão (m)	sālmon-e atlāntik	سالمون اتلانتیک
cavala, sarda (f)	māhi-ye esqumeri	ماهی اسقومری
solha (f)	sofre māhi	سفره ماهی
lúcio perca (m)	suf	سوف
bacalhau (m)	māhi-ye rowqan	ماهی روغن
atum (m)	tan māhi	تن ماهی
truta (f)	māhi-ye qezelālā	ماهی قزل آلا
enguia (f)	mārmāhi	مارماهی
raia elétrica (f)	partomahiye barqi	پرتوماهی برقی
moreia (f)	mārmāhi	مارماهی
piranha (f)	pirānā	پیرانا
tubarão (m)	kuse-ye māhi	کوسه ماهی
golfinho (m)	delfin	دلفین
baleia (f)	nahang	نهنگ
caranguejo (m)	xarčang	خرچنگ
medusa, alforreca (f)	arus-e daryāyi	عروس دریایی
polvo (m)	hašt pā	هشت پا
estrela-do-mar (f)	setāre-ye daryāyi	ستاره دریایی
ouriço-do-mar (m)	xārpošt-e daryāyi	خارپشت دریایی
cavalo-marinho (m)	asb-e daryāyi	اسب دریایی
ostra (f)	sadaf-e xorāki	صدف خوراکی
camarão (m)	meygu	میگو
lavagante (m)	xarčang-e daryāyi	خرچنگ دریایی
lagosta (f)	xarčang-e xārdār	خرچنگ خاردار

92. Amfíbios. Répteis

serpente, cobra (f)	mār	مار
venenoso	sammi	سمی
víbora (f)	af'i	افعی
cobra-capelo, naja (f)	kobrā	کبرا
pitão (m)	mār-e pinton	مار پیتون
jiboia (f)	mār-e bwa	مار بوا
cobra-de-água (f)	mār-e čaman	مار چمن

| cascavel (f) | mār-e zangi | مار زنگی |
| anaconda (f) | mār-e ānākondā | مار آناکوندا |

lagarto (m)	susmār	سوسمار
iguana (f)	susmār-e deraxti	سوسمار درختی
varano (m)	bozmajje	بزمجه
salamandra (f)	samandar	سمندر
camaleão (m)	āftāb-parast	آفتاب پرست
escorpião (m)	aqrab	عقرب

tartaruga (f)	lāk pošt	لاک پشت
rã (f)	qurbāqe	قورباغه
sapo (m)	vazaq	وزغ
crocodilo (m)	temsāh	تمساح

93. Insetos

inseto (m)	hašare	حشره
borboleta (f)	parvāne	پروانه
formiga (f)	murče	مورچه
mosca (f)	magas	مگس
mosquito (m)	paše	پشه
escaravelho (m)	susk	سوسک

vespa (f)	zanbur	زنبور
abelha (f)	zanbur-e asal	زنبور عسل
mamangava (f)	xar zanbur	خرزنبور
moscardo (m)	xarmagas	خرمگس

| aranha (f) | ankabut | عنکبوت |
| teia (f) de aranha | tār-e ankabut | تارعنکبوت |

libélula (f)	sanjāqak	سنجاقک
gafanhoto-do-campo (m)	malax	ملخ
traça (f)	bid	بید

barata (f)	susk	سوسک
carraça (f)	kane	کنه
pulga (f)	kak	کک
borrachudo (m)	paše-ye rize	پشه ریزه

gafanhoto (m)	malax	ملخ
caracol (m)	halazun	حلزون
grilo (m)	jirjirak	جیرجیرک
pirilampo (m)	kerm-e šab-tāb	کرم شب تاب
joaninha (f)	kafšduzak	کفشدوزک
besouro (m)	susk bāldār	سوسک بالدار

sanguessuga (f)	zālu	زالو
lagarta (f)	kerm-e abrišam	کرم ابریشم
minhoca (f)	kerm	کرم
larva (f)	lārv	لارو

FLORA

94. Árvores

árvore (f)	deraxt	درخت
decídua	barg riz	برگ ریز
conífera	maxrutiyān	مخروطیان
perene	hamiše sabz	همیشه سبز
macieira (f)	deraxt-e sib	درخت سیب
pereira (f)	golābi	گلابی
cerejeira (f)	gilās	گیلاس
ginjeira (f)	ālbālu	آلبالو
ameixeira (f)	ālu	آلو
bétula (f)	tus	توس
carvalho (m)	balut	بلوط
tília (f)	zirfun	زیرفون
choupo-tremedor (m)	senowbar-e larzān	صنوبر لرزان
bordo (m)	afrā	افرا
espruce-europeu (m)	senowbar	صنوبر
pinheiro (m)	kāj	کاج
alerce, lariço (m)	senowbar-e ārāste	صنوبر آراسته
abeto (m)	šāh deraxt	شاه درخت
cedro (m)	sedr	سدر
choupo, álamo (m)	sepidār	سپیدار
tramazeira (f)	zabān gonješk-e kuhi	زبان گنجشک کوهی
salgueiro (m)	bid	بید
amieiro (m)	tuskā	توسکا
faia (f)	rāš	راش
ulmeiro (m)	nārvan-e qermez	نارون قرمز
freixo (m)	zabān-e gonješk	زبان گنجشک
castanheiro (m)	šāh balut	شاه بلوط
magnólia (f)	māgnoliyā	ماگنولیا
palmeira (f)	naxl	نخل
cipreste (m)	sarv	سرو
mangue (m)	karnā	کرنا
embondeiro, baobá (m)	bāobāb	بائوباب
eucalipto (m)	okaliptus	اوکالیپتوس
sequoia (f)	sorx-e čub	سرخ چوب

95. Arbustos

arbusto (m)	bute	بوته
arbusto (m), moita (f)	bute zār	بوته زار

| videira (f) | angur | انگور |
| vinhedo (m) | tākestān | تاکستان |

framboeseira (f)	tamešk	تمشک
groselheira-preta (f)	angur-e farangi-ye siyāh	انگور فرنگی سیاه
groselheira-vermelha (f)	angur-e farangi-ye sorx	انگور فرنگی سرخ
groselheira (f) espinhosa	angur-e farangi	انگور فرنگی

acácia (f)	aqāqiyā	اقاقیا
bérberis (f)	zerešk	زرشک
jasmim (m)	yāsaman	یاسمن

junípero (m)	ardaj	اردج
roseira (f)	bute-ye gol-e mohammadi	بوتهٔ گل محمدی
roseira (f) brava	nastaran	نسترن

96. Frutos. Bagas

| fruta (f) | mive | میوه |
| frutas (f pl) | mive jāt | میوه جات |

maçã (f)	sib	سیب
pera (f)	golābi	گلابی
ameixa (f)	ālu	آلو

morango (m)	tut-e farangi	توت فرنگی
ginja (f)	ālbālu	آلبالو
cereja (f)	gilās	گیلاس
uva (f)	angur	انگور

framboesa (f)	tamešk	تمشک
groselha (f) preta	angur-e farangi-ye siyāh	انگور فرنگی سیاه
groselha (f) vermelha	angur-e farangi-ye sorx	انگور فرنگی سرخ
groselha (f) espinhosa	angur-e farangi	انگور فرنگی
oxicoco (m)	nārdānak-e vahši	ناردانک وحشی

laranja (f)	porteqāl	پرتقال
tangerina (f)	nārengi	نارنگی
ananás (m)	ānānās	آناناس
banana (f)	mowz	موز
tâmara (f)	xormā	خرما

limão (m)	limu	لیمو
damasco (m)	zardālu	زردآلو
pêssego (m)	holu	هلو

| kiwi (m) | kivi | کیوی |
| toranja (f) | gerip forut | گریپ فوروت |

baga (f)	mive-ye butei	میوهٔ بوته ای
bagas (f pl)	mivehā-ye butei	میوه های بوته ای
arando (m) vermelho	tut-e farangi-ye jangali	توت فرنگی جنگلی
morango-silvestre (m)	zoqāl axte	زغال اخته
mirtilo (m)	zoqāl axte	زغال اخته

97. Flores. Plantas

flor (f)	gol	گل
ramo (m) de flores	daste-ye gol	دسته گل
rosa (f)	gol-e sorx	گل سرخ
tulipa (f)	lāle	لاله
cravo (m)	mixak	میخک
gladíolo (m)	susan-e sefid	سوسن سفید
centáurea (f)	gol-e gandom	گل گندم
campânula (f)	gol-e estekāni	گل استکانی
dente-de-leão (m)	gol-e qāsedak	گل قاصدک
camomila (f)	bābune	بابونه
aloé (m)	oloviye	آلوئه
cato (m)	kāktus	کاکتوس
fícus (m)	fikus	فیکوس
lírio (m)	susan	سوسن
gerânio (m)	gol-e šam'dāni	گل شمعدانی
jacinto (m)	sonbol	سنبل
mimosa (f)	mimosā	میموسا
narciso (m)	narges	نرگس
capuchinha (f)	gol-e lādan	گل لادن
orquídea (f)	orkide	ارکیده
peónia (f)	gol-e ašrafi	گل اشرفی
violeta (f)	banafše	بنفشه
amor-perfeito (m)	banafše-ye farangi	بنفشه فرنگی
não-me-esqueças (m)	gol-e farāmuš-am makon	گل فراموشم مکن
margarida (f)	gol-e morvārid	گل مروارید
papoula (f)	xašxāš	خشخاش
cânhamo (m)	šāh dāne	شاه دانه
hortelã (f)	na'nā'	نعناع
lírio-do-vale (m)	muge	موگه
campânula-branca (f)	gol-e barfi	گل برفی
urtiga (f)	gazane	گزنه
azeda (f)	toršak	ترشک
nenúfar (m)	nilufar-e abi	نیلوفر آبی
feto (m), samambaia (f)	saraxs	سرخس
líquen (m)	golsang	گلسنگ
estufa (f)	golxāne	گلخانه
relvado (m)	čaman	چمن
canteiro (m) de flores	baqče-ye gol	باغچه گل
planta (f)	giyāh	گیاه
erva (f)	alaf	علف
folha (f) de erva	alaf	علف

folha (f)	barg	برگ
pétala (f)	golbarg	گلبرگ
talo (m)	sāqe	ساقه
tubérculo (m)	riše	ریشه

| broto, rebento (m) | javāne | جوانه |
| espinho (m) | xār | خار |

florescer (vi)	gol kardan	گل کردن
murchar (vi)	pažmorde šodan	پژمرده شدن
cheiro (m)	bu	بو
cortar (flores)	boridan	بریدن
colher (uma flor)	kandan	کندن

98. Cereais, grãos

grão (m)	dāne	دانه
cereais (plantas)	qallāt	غلات
espiga (f)	xuše	خوشه

trigo (m)	gandom	گندم
centeio (m)	čāvdār	چاودار
aveia (f)	jow-e sahrāyi	جو صحرایی
milho-miúdo (m)	arzan	ارزن
cevada (f)	jow	جو

milho (m)	zorrat	ذرت
arroz (m)	berenj	برنج
trigo-sarraceno (m)	gandom-e siyāh	گندم سیاه

ervilha (f)	noxod	نخود
feijão (m)	lubiyā qermez	لوبیا قرمز
soja (f)	sowyā	سویا
lentilha (f)	adas	عدس
fava (f)	lubiyā	لوبیا

PAÍSES DO MUNDO

99. Países. Parte 1

Afeganistão (m)	afqānestān	افغانستان
África do Sul (f)	jomhuri-ye āfriqā-ye jonubi	جمهوری آفریقای جنوبی
Albânia (f)	ālbāni	آلبانی
Alemanha (f)	ālmān	آلمان
Arábia (f) Saudita	arabestān-e soʻudi	عربستان سعودی
Argentina (f)	āržāntin	آرژانتین
Arménia (f)	armanestān	ارمنستان
Austrália (f)	ostorāliyā	استرالیا
Áustria (f)	otriš	اتریش
Azerbaijão (m)	āzarbāyjān	آذربایجان
Bahamas (f pl)	bāhāmā	باهاما
Bangladesh (m)	bangelādeš	بنگلادش
Bélgica (f)	belžik	بلژیک
Bielorrússia (f)	belārus	بلاروس
Bolívia (f)	bulivi	بولیوی
Bósnia e Herzegovina (f)	bosni-yo herzogovin	بوسنی وهرزگوین
Brasil (m)	berezil	برزیل
Bulgária (f)	bolqārestān	بلغارستان
Camboja (f)	kāmboj	کامبوج
Canadá (m)	kānādā	کانادا
Cazaquistão (m)	qazzāqestān	قزاقستان
Chile (m)	šhili	شیلی
China (f)	čin	چین
Chipre (m)	qebres	قبرس
Colômbia (f)	kolombiyā	کلمبیا
Coreia do Norte (f)	kare-ye šomāli	کرۀ شمالی
Coreia do Sul (f)	kare-ye jonubi	کرۀ جنوبی
Croácia (f)	korovāsi	کرواسی
Cuba (f)	kubā	کوبا
Dinamarca (f)	dānmārk	دانمارک
Egito (m)	mesr	مصر
Emirados Árabes Unidos	emārāt-e mottahede-ye arabi	امارات متحده عربی
Equador (m)	ekvādor	اکوادور
Escócia (f)	eskātland	اسکاتلند
Eslováquia (f)	eslovāki	اسلواکی
Eslovénia (f)	eslovoni	اسلوونی
Espanha (f)	espāniyā	اسپانیا
Estados Unidos da América	eyālāt-e mottahede-ye emrikā	ایالات متحدۀ امریکا
Estónia (f)	estoni	استونی
Finlândia (f)	fanlānd	فنلاند
França (f)	farānse	فرانسه

100. Países. Parte 2

Gana (f)	qanã	غنا
Geórgia (f)	gorjestãn	گرجستان
Grã-Bretanha (f)	beritãniyã-ye kabir	بریتانیای کبیر
Grécia (f)	yunãn	یونان
Haiti (m)	hãiti	هائیتی
Hungria (f)	majãrestãn	مجارستان
Índia (f)	hendustãn	هندوستان
Indonésia (f)	andonezi	اندونزی
Inglaterra (f)	engelestãn	انگلستان
Irão (m)	irãn	ایران
Iraque (m)	arãq	عراق
Irlanda (f)	irland	ایرلند
Islândia (f)	island	ایسلند
Israel (m)	esrãil	اسرائیل
Itália (f)	itãliyã	ایتالیا
Jamaica (f)	jãmãikã	جامائیکا
Japão (m)	žãpon	ژاپن
Jordânia (f)	ordon	اردن
Kuwait (m)	koveyt	کویت
Laos (m)	lãus	لائوس
Letónia (f)	letuni	لتونی
Líbano (m)	lobnãn	لبنان
Líbia (f)	libi	لیبی
Liechtenstein (m)	lixteneštãyn	لیختن‌اشتاین
Lituânia (f)	litvãni	لیتوانی
Luxemburgo (m)	lokzãmborg	لوکزامبورگ
Macedónia (f)	jomhuri-ye maqduniye	جمهوری مقدونیه
Madagáscar (m)	mãdãgãskãr	ماداگاسکار
Malásia (f)	mãlezi	مالزی
Malta (f)	mãlt	مالت
Marrocos	marãkeš	مراکش
México (m)	mekzik	مکزیک
Myanmar (m), Birmânia (f)	miyãnmãr	میانمار
Moldávia (f)	moldãvi	مولداوی
Mónaco (m)	monãko	موناکو
Mongólia (f)	moqolestãn	مغولستان
Montenegro (m)	montenegro	مونته‌نگرو
Namíbia (f)	nãmibiyã	نامیبیا
Nepal (m)	nepãl	نپال
Noruega (f)	norvež	نروژ
Nova Zelândia (f)	niyuzland	نیوزلند

101. Países. Parte 3

| Países (m pl) Baixos | holand | هلند |
| Palestina (f) | felestin | فلسطین |

Panamá (m)	pānāmā	پاناما
Paquistão (m)	pākestān	پاکستان
Paraguai (m)	pārāgue	پاراگوئه
Peru (m)	porov	پرو
Polinésia Francesa (f)	polinezi-ye farānse	پلینزی فرانسه
Polónia (f)	lahestān	لهستان
Portugal (m)	porteqāl	پرتغال
Quénia (f)	keniyā	کنیا
Quirguistão (m)	qerqizestān	قرقیزستان
República (f) Checa	jomhuri-ye ček	جمهوری چک
República (f) Dominicana	jomhuri-ye dominikan	جمهوری دومینیکن
Roménia (f)	romāni	رومانی
Rússia (f)	rusiye	روسیه
Senegal (m)	senegāl	سنگال
Sérvia (f)	serbestān	صربستان
Síria (f)	suriye	سوریه
Suécia (f)	sued	سوئد
Suíça (f)	suis	سوئیس
Suriname (m)	surinām	سورینام
Tailândia (f)	tāyland	تایلند
Taiwan (m)	tāyvān	تایوان
Tajiquistão (m)	tājikestān	تاجیکستان
Tanzânia (f)	tānzāniyā	تانزانیا
Tasmânia (f)	tāsmāni	تاسمانی
Tunísia (f)	tunes	تونس
Turquemenistão (m)	torkamanestān	ترکمنستان
Turquia (f)	torkiye	ترکیه
Ucrânia (f)	okrāyn	اوکراین
Uruguai (m)	orogue	اروگوئه
Uzbequistão (f)	ozbakestān	ازبکستان
Vaticano (m)	vātikān	واتیکان
Venezuela (f)	venezuelā	ونزوئلا
Vietname (m)	viyetnām	ویتنام
Zanzibar (m)	zangbār	زنگبار